教育部人文社会科学研究青年基金项目研究成果

项目批准号(17YJC870017)

数字时代全民阅读立法研究

谭小军 著

西南大学出版社
国家一级出版社 全国百佳图书出版单位

图书在版编目(CIP)数据

数字时代全民阅读立法研究 / 谭小军著. -- 重庆：西南大学出版社, 2022.2

ISBN 978-7-5697-0706-9

Ⅰ. ①数… Ⅱ. ①谭… Ⅲ. ①阅读—立法—研究—中国 Ⅳ. ①D922.164

中国版本图书馆CIP数据核字(2021)第177333号

数字时代全民阅读立法研究

SHUZI SHIDAI QUANMIN YUEDU LIFA YANJIU

谭小军 著

责任编辑：路兰香
责任校对：周明琼
装帧设计：汤 立
排　　版：吴秀琴
出版发行：西南大学出版社(原西南师范大学出版社)
地址：重庆市北碚区天生路2号
邮编：400715
印　　刷：重庆天旭印务有限责任公司
幅面尺寸：170 mm×240 mm
印　　张：11.5
字　　数：150千字
版　　次：2022年2月 第1版
印　　次：2022年2月 第1次印刷
书　　号：ISBN 978-7-5697-0706-9

定　　价：38.00元

前言

PREFACE

中华民族是一个具有优良读书传统的民族，“积财千万，无过读书”是中国家庭千百年来恪守的传统教育信条，“修身、齐家、治国、平天下”成为许多读书人追求的人生理想，“凿壁偷光”“囊萤映雪”“悬梁刺股”等也成为历代传颂的苦读勤学的佳话。①在20世纪末，我国的国民阅读状况开始引起社会各界的关切。原中国出版科学研究所（现为中国新闻出版研究院）自1998年起开展国民阅读状况调查，1999年正式向社会发布调查结果。调查数据显示，1998年我国国民图书阅读率为60.4%，即有约40%的成年人全年没有读过一本书。此后，我国国民阅读率逐年下降，从2006年公布的全国国民阅读调查数据来看，国民阅读率首次跌破50%，这就是说有半数以上的成年人全年没有读过一本书。这一调查结果引起了社会各界的普遍关注，增强了改善国民阅读状况的紧迫感。②

阅读是人们求知、立身的重要方式，是个人发展的精神源泉，是传承文明、提高素质的重要途径。著名教育家朱永新常说，一个人的精神发育史就是他的阅读史，一个民族的精神境界取决于这个民族的阅读水平，而精神的力量对于一个国家软实力与核心竞争力的培育起着关键作用。③

正是基于阅读的重要性，联合国教科文组织于1972年向全世界发出“走向阅读社会”的号召，要求社会成员人人读书，图书成为生活的必需品，读书成为每个人日常生活不可或缺的一部分。1995年，联合国教科文

① 参见卢锋：《阅读的价值、危机与出路——新教育实验“营造书香校园”的哲学思考》，苏州大学博士学位论文，2013年。

② 参见聂震宁：《论作为国家战略的全民阅读》，载《现代出版》2019年第6期。

③ 参见朱永新：《我的阅读观》，中国人民大学出版社2012年版，代序第4–7页。

组织第二十八次大会宣布每年的4月23日为“世界读书日”[①]，在全球范围内推进阅读工程。“世界读书日”的主旨宣言是：希望散居在全球各地的人们，无论是年老还是年轻，无论是贫穷还是富有，无论是患病还是健康，都能享受阅读带来的乐趣……[②]

“世界读书日”自设立以来，得到世界各国的积极响应和纷纷效仿，许多国家掀起了举办阅读活动和设立阅读节日的狂潮。我国于1997年提出实施“倡导全民读书，建设阅读社会”的“知识工程”，拉开了我国“全民阅读”的序幕。为推动全民阅读，我国已将全民阅读立法列入国家立法工作计划，但由于种种原因国家层面的法律法规迟迟未能出台。

随着全民阅读立法工作的推进以及《中华人民共和国公共文化服务保障法》[③]《中华人民共和国公共图书馆法》[④]的正式实施，全民阅读作为公共文化服务体系建设的重要内容，被正式纳入法制化轨道。截至2020年12月，我国已颁布了15个全民阅读的地方性法规和地方政府规章，与《全民阅读“十三五”时期发展规划》提出的“到2020年，推动全国所有省（自治区、直辖市）出台本地的全民阅读地方性法规、地方政府规章及政策性文件等”的目标相比，全民阅读立法工作任重道远。

当前，我国全民阅读立法还存在许多问题。一方面是社会对全民阅读立法效果的质疑，另一方面是现实对全民阅读立法的强烈呼唤。这一矛盾缘于我国的全民阅读立法研究刚刚起步，又处在教育学、传播学、图书情报学、法学等学科的交叉领域，学界缺乏系统深入研究。中国新闻出版研究院发布的第十二次全国国民阅读调查数据显示，2014年数字化阅读方式接触率首次超过图书阅读率。数字信息技术给全民阅读带来了机遇，同时，也对全民阅读提出了新的挑战。全民阅读立法如何应对数字化阅

① “世界读书日”英文全称是“World Book and Copyright Day”，又被译为“世界图书与版权日”“世界阅读日”“世界图书日”“国际阅读日”等，但“世界读书日”是我国普遍使用的。

② 参见徐雁：《全民阅读推广手册》，海天出版社2011年版，第82页。

③ 以下简称《公共文化服务保障法》。

④ 以下简称《公共图书馆法》。

读趋势，体现立法的时代性，也是立法者面临的新的难题。

本书以数字时代为背景，将全民阅读立法放在数字信息技术对阅读生态的机遇与挑战的维度下进行审视，把握立法的时代语境。首先，在理论构建方面本书以阅读权为研究起点，认为阅读权是全民阅读立法的逻辑起点和法理基础。阅读权作为一项基础性权利，是公民其他权利如知情权、参政权等实现的基础。同时，它也是一项隐性权利，多数民众对其重要性认识不够，唤醒民众对阅读权的权利属性和主体地位的认识，意义重大。其次，法的价值是立法的思想先导，研究全民阅读立法价值，有助于我们准确把握全民阅读立法价值理念的内容，并据此构建全民阅读立法的原则、目标、制度体系。最后，本书借鉴和引入协同治理理论、公共文化服务理论和促进型立法理论，为全民阅读立法提供理论借鉴。

本书的研究框架分为背景分析、理论建构、问题梳理、原因反思、对策建议五个部分。绪论为研究的基础设计，包括选题缘由、概念界定及研究设计。第一章为背景分析。借鉴信息生态理论，对阅读生态进行简要阐释，在此基础上，分析数字信息技术带给阅读生态的机遇与挑战。第二至四章为理论建构。从法学、公共管理学等学科寻找理论渊源，主要包括阅读权理论、法的价值理论、协同治理理论、公共文化服务理论、促进型立法理论等，丰富全民阅读立法的理论思想。第五章为现状审视。本章通过对11个地方性单行立法文本和1个国家层面的单行立法文本进行文本分析，发现目前全民阅读立法主要存在以下问题：部分立法文本法律层级较低，罗列式立法体例影响法律规范的设置，阅读权缺位及性质认知差异影响立法制度的设定，促进型立法定位导致其可执行性较差，教育行政力量参与度不高导致学校阅读教育的弱化。第六章为原因反思。从经济、教育、媒介、法理四个方面分析目前全民阅读立法中问题存在的主要原因。第七章为对策建议。从立法定位、立法模式、立法体系与体例、立法制度和立法机制五个方面提出立法建议。

数字时代，必须重新审视数字信息技术对阅读生态的影响。作为全民阅读的国家和地方立法，必须顺应历史潮流，认清数字信息技术带给全民阅读的机遇与挑战，运用互联网思维和现代科技手段推进全民阅读事业发展，提高全民阅读的服务效能。希望本书有助于推动全民阅读立法及全民阅读推广理论研究深入发展，促进全民阅读立法的完善，助推书香社会的建设。

目录

CONTENTS

绪 论

一、选题缘由

（一）阅读危机危害国民整体素质和国家核心竞争力

中国新闻出版研究院2021年发布的第十八次全国国民阅读调查报告显示：2020年我国成年国民人均纸质图书阅读量为4.70本，人均电子书阅读量为3.29本。我国人均阅读量一直低于许多发达国家甚至一些发展中国家，这不能不引起全社会的普遍关注。书籍是人类进步的阶梯。阅读状况既是一个国家文明程度的重要标志，更是一个民族文明传承发展的必要基础。[①]党的十九大报告提出“建设教育强国是中华民族伟大复兴的基础工程，必须把教育事业放在优先位置，深化教育改革，加快教育现代化，办好人民满意的教育。”“办好继续教育，加快建设学习型社会，大力提高国民素质。”强国自强民始，提升国民素质自教育始，教育自阅读始。著名教育家朱永新常说，一个人的精神发育史就是他的阅读史，一个民族的精神境界取决于这个民族的阅读水平，而精神的力量对于一个国家软实力与核心竞争力的培育起着关键作用。[②]反而观之，我们也可以说，一个人放弃、拒绝阅读也是他的精神荒芜史的第一页，一个民族告别阅读的历史也是这个民族衰亡史的第一页。[③]苏霍姆林斯基曾说：“无限相信书籍的力量，是我的教育信仰的真谛之一。”然而，书籍的力量只有通过阅读才能传递开来。吉姆·崔利斯曾说，阅读是消灭无知、贫穷和绝望的终极武器，我们要在它们

① 参见聂震宁：《全民阅读立法的意义》，载《人民政协报》2013年8月19日。

② 参见朱永新：《我的阅读观》，中国人民大学出版社2012年版，代序第4-7页。

③ 参见陈昕：《出版与阅读的春天在哪里》，载《中国新闻出版报》2011年9月27日。

毁灭我们之前先歼灭它们。具体到个人而言，阅读是获取知识、增长智慧的重要方式，是实现个人可持续发展的关键。对国家而言，阅读力决定国家的创新力和核心竞争力。环顾世界，美国、日本等发达国家都将阅读能力的培养作为教育改革的重要内容。而联合国教科文组织于1972年就向全世界发出"走向阅读社会"的号召，呼吁社会成员人人读书，将图书作为生活的必需品，将读书作为每个人日常生活不可或缺的一部分。

党的十九大报告指出，"中国特色社会主义进入新时代，我国社会主要矛盾已经转化为人民日益增长的美好生活需要和不平衡不充分的发展之间的矛盾"。根据人的全面发展理论，美好生活一定是物质生活和精神生活的全面协调发展。所以，人们对美好生活的期待，离不开对美好精神生活的追求。

一位教育家曾说，我们留什么样的世界给后代，关键取决于我们留什么样的后代给世界。[①]振兴民族必先振兴文化，振兴文化必先振兴阅读。[②]在建设文化强国的背景之下，如何解决国民的阅读危机，提升国民素质，增强国家核心竞争力值得深思。

（二）阅读危机需要立法干预

美好生活的期待与精神文化的追求需要通过国家行为予以调整，使之与物质富裕同步。环顾世界，基于对阅读与国家未来紧密联系的深刻认识，很多国家都把全民阅读作为一项国家战略，通过立法的手段进行干预和保障，且最终都取得了良好的成效。约翰·罗尔斯认为，公共利益具有不可分性和公共性特征，因此必须借助公共过程而不是市场来安排公共利益的提供；公共利益的数量及财政需求要根据立法来确定，而不是借助于市

① 参见孙伟林：《希望理想主义精神薪火相传》，载《民主与科学》2012年第2期。
② 参见聂震宁：《全民阅读立法的意义》，载《人民政协报》2013年8月19日。

场供求关系和自由交换。文化的自觉机制无法完成自我修复时,就需要利用法律的强制力来推动。所以,促进全民阅读,不仅需要政府行政力量介入,还需要法律的强制力保障。

我国的全民阅读已经历了自发组织、政策激励两个阶段,目前正进入第三阶段——法律保障阶段。全民阅读促进工作是一项浩大的全民教育工程,与教育、文化等公共文化服务体系密切相关,其本身依赖行政力量的介入与推动,但是,它又不会对政绩产生立竿见影的效果。促进全民阅读,需要对国民阅读行为进行漫长的引导与培育,而地方行政力量推行全民阅读缺乏内在的行政驱动力,这也决定了仅仅依靠政策推动全民阅读的局限性。只有通过立法将促进全民阅读的保障措施上升为法律制度,使其具有不同于一般政策的权威性、强制性、稳定性,全民阅读推广机制才能顺利运转。因此,在全面推进依法治国的背景下,运用法治思维和法治方式推动全民阅读事业的发展,是建设书香社会和实施文化强国战略的必然要求。

立法是全面推进依法治国的前提和基础,立法质量直接关系到法治的质量。党的十九大报告指出,“推进科学立法、民主立法、依法立法,以良法促进发展、保障善治”。我国已将全民阅读立法列入国家立法工作计划,《全民阅读促进条例(征求意见稿)》虽历经几次修改,但由于种种原因迟迟未能出台。截至2020年12月,虽然我国已颁布了15个全民阅读的地方性法规和地方政府规章,从一定程度上促进了全民阅读事业的发展,但也存在诸多问题。只有提高全民阅读立法的科学性,才能发挥法治对全民阅读促进工作的保障作用,真正推动和促进全民阅读事业的发展。综上所述,全民阅读立法研究有助于推动全民阅读立法理论研究的深入发展,为我国全民阅读的国家和地方立法提供理论借鉴和实践参考。

(三)阅读立法应体现数字时代的诉求

面对阅读危机,我国于1997年提出实施“倡导全民读书,建设阅读社会”的“知识工程”,拉开了我国全民阅读的序幕。2013年全国两会期间,115位全国政协委员联名提交《关于制定实施国家全民阅读战略的提案》,建议政府进行全民阅读立法,以法律法规的形式将推动全民阅读工作纳入法制化轨道。随后,全民阅读立法被列入国务院立法工作计划。2016年12月《全民阅读“十三五”时期发展规划》正式发布,提出要将全民阅读纳入法制化轨道,全面推动地方全民阅读立法工作。2019年至2021年,全民阅读连续多次被写入《国务院政府工作报告》,全民阅读已成为我国一项国家发展战略。

然而,立法是有价值取向的,法律规范是立法者意志的表达,具体法律制度受到立法者对某一问题的认识及价值取向的影响。立法者对数字化阅读的认识及价值取向决定了数字信息技术在全民阅读推广中的地位和作用。现实中,就存在一种情况,即部分经费主管部门由于缺乏对数字化阅读的科学认识,认为网络阅读是碎片化的“浅阅读”,“低头族”是不健康的阅读现象,因此对网络阅读投入经费的积极性不高。[①]面对数字化阅读趋势,立法者是漠然置之?还是积极应对?正如中国新闻出版研究院魏玉山评价《全民阅读促进条例(征求意见稿)》第二十一条时曾说:技术的发展正在改变着阅读媒介与阅读方式,该条关于促进数字阅读和阅读便利化的规定无疑是抓住了阅读的发展趋势,体现了立法的时代性。

信息传播技术的发展催生了阅读媒介的变化,而每一次阅读媒介的变化都深刻地影响着阅读行为的变革。阅读载体从纸张变化到屏幕,人们在感慨数字化阅读带来的巨大便利时,其负面影响也如影随形。与其抱怨,不如正确面对并对数字化阅读进行科学引导。所以,分析数字信息技术对

① 参见李晶晶、吴欢:《给全民阅读经费保障立法提个建议》,载《中国新闻出版广电报》2017年7月13日。

全民阅读生态的积极作用和负面影响，提高立法者对数字化阅读的科学认识是非常必要的。通过立法从顶层设计做好制度安排，以最大限度地利用数字信息技术提高全民阅读的效能，并规避其负面影响。学者张文彦、田菲认为，在面对数字化阅读的趋势中，立法应顺应时代发展方向，促进优质资源的丰富与传播，而不能对载体形式做出限制。①

因此，全民阅读的国家与地方立法应顺应时代潮流，深刻认识数字信息技术对阅读生态的影响，运用互联网思维和现代科技手段提升全民阅读服务的效能，促进全民阅读事业的发展。

二、概念界定

（一）阅读

阅读是什么？阅读与读书、学习等概念有何区别？阅读作为本书的最基本概念，“阅读是什么？”是首先必须回答的问题。阅读，在构词上由“阅”和“读”两个独立意义的字构成，“阅”应该含有随意浏览、消闲解闷地看的意味，其最简单的意思就是看、看书、看报、看小说等；读的最基本意思就是按文本的意思念，可分为朗读、诵读、默读等，后来又引申为看书等意思，它表示正式、认真、细致、深入地看，含有学习、思索、体会、领悟等意思。虽然两字在用法上有差异，但是都带有看的意思，且都与书密切相关，所以就产生了“阅读”这一约定俗成的用法。学者张麒麟认为，实际上阅读概念的阐释是多义而模糊的，并且存在语言学上的差异。例如，“阅读”对应的英文单词为“read”，《朗文当代高级英语辞典》给出了超过二十种释义，如识字、理解文本、检索信息等。与中文语境中的“阅读”着重表示一种信息获取的过程不同，英文语境中的“read”往往强调信息获取的结果。因此，我国在阅

① 参见张文彦、田菲：《对全民阅读立法进展的思考》，载《出版发行研究》2017年第5期。

读推广中常常强调读者的参与程度，强调对文献信息的理解能力和欣赏水平，而在英美国家的立法中，阅读立法往往与教育法体系相联系，关注人们是否获得了识字和理解信息的能力。[①]联合国教科文组织国际教育发展委员会在《学会生存——教育世界的今天和明天》中明确提出，作为一个世界公民，最起码的受教育要求是让自己学会听、说、读、写、算等五大本领，而排在第一位的本领是通过接受阅读训练提高自己的阅读水平，以及夯实听和说的基础。

学界对阅读的界定主要可以归纳为接受论、互动论、建构论和泛对象论等几种代表性观点。接受论认为阅读是读者从文本、符号中提取信息、获得意义的过程。互动论认为阅读是读者与作者、阅读对象发生联系、相互作用的过程。泛对象论认为阅读的对象可以超越书面文本，阅读具有多层次性。建构论则认为，阅读是读者以解释、建构文本为目的，与文本发生交流与对话的过程。[②]

接受论的代表性观点有：曾祥芹、韩雪屏认为，阅读是读者从写的或印刷的书面材料中提取意义或情感信息的过程。[③]《中国大百科全书·教育》的“阅读心理”条目认为，阅读是一种从书面语言中获得意义的心理过程。阅读也是一种基本的智力技能，这种技能是取得学业成功的先决条件，它是一系列的过程和行为的总和。

互动论的代表性观点有：卿家康认为，阅读是读者与文献相互作用的过程，也就是读者感知并理解文献内容，掌握文献意义的过程。王余光、徐雁在主编的《中国读书大辞典》中认为，阅读是一种从书面语言和符号中获得意义的社会行为、实践活动和心理过程，是读者与文本相互影响的过程。

---

① 参见张麒麟：《全民阅读立法研究》，南京大学硕士学位论文，2015年。

② 参见卢锋：《阅读的价值、危机与出路——新教育实验“营造书香校园”的哲学思考》，苏州大学博士学位论文，2013年。

③ 参见曾祥芹、韩雪屏：《阅读学原理》，大象出版社1992年版，第273页。

泛对象论的代表性观点有：王欣欣认为，阅读有广义和狭义之分。广义地说，阅读就是人类感知世界的过程，是人从符号中获得意义的一种社会实践活动和心理过程，凡是人类通过感觉器官能够接收到信号，并反馈到大脑，进而对信息进行存储、感受、分析、判断的过程，都可以称为阅读。所以，可以说阅读城市、阅读建筑甚至阅读成功、阅读生命。狭义的阅读是指人类通过一定载体，接受载体提供的文字、图像等信息的过程。[①]泛对象论认为阅读的对象可以从文本到自然、城市、生命和社会等。叶圣陶也曾说，天地阅览室，万物皆书卷。法国哲学家勒内·笛卡尔主张阅读世界是部大书。我国历史学家张舜徽也有类似看法，认为天地间有两种书，一是有字书，二是无字书，除书本外，我们还应多读无字书，以扩大求知领域。

建构论的代表性观点有：卢锋认为，阅读是指人们通过与文本的对话交流，认识世界、认识自我的过程和活动。由于人们认识外部世界的最终意义并不是为了解释和说明外部世界，而是为了通过掌握外部世界来实现人自己的日的，即合乎“本性”地实现自身的发展。因此可以说，阅读在本质上是基于文本对话而实现人之自我构建的一种实践活动。需要强调的是，我们所理解的阅读，也是我们在新教育实验中提倡的阅读，就是特指走向“人之自我构建”的阅读，就如苏霍姆林斯基所说的“真正的阅读”。[②]

本书认为尽管上述四种观点从不同的角度、不同的形式对阅读的本质做了不同的阐述，但有一点基本可以达成共识，即阅读的本质是从信息中获得意义的过程。从本质上讲，接受论观点属于一种早期的传统意义上的阅读观，忽视了作为主体的人在获取和理解文本信息的过程中的主动性，强调机械、被动、“客观”地获取文本的信息和理解文本的意义。泛对象论是从阅读的客体即对象上进行阅读概念的界定，因此，它不是对阅读本质

---

① 参见王欣欣：《阅读的本质与图书馆服务》，载《图书馆论坛》2006年第2期。

② 参见卢锋：《阅读的价值、危机与出路——新教育实验“营造书香校园”的哲学思考》，苏州大学博士学位论文，2013年。

的界定。而互动论和建构论观点都主张阅读是读者与文本(作者)的相互作用和互动,但建构论更强调从认识自我和超越自我的角度出发,主动学习,认识外部世界和自我世界,且最终目的是实现自我的发展和完善。综上所述,阅读是一种从语言和符号中获得意义的自我构建的实践活动,包含传统纸本阅读和数字化阅读。

(二)数字化阅读

早期关于数字化阅读的概念存在许多争议,其代表性观点有两种。第一种观点认为数字化阅读指人类利用数字技术,以数字代码方式,将文字、图形、声音、影像等内容编辑加工后,存储在电、光、磁介质上,通过计算机或具有类似功能的设备读取信息的活动。①阅读文本包括文字、图片、音频、视频等多种形式。②第二种观点认为数字化阅读指阅读的数字化,即使用数字设备阅读以语言符号为主的数字文本内容。数字文本内容指通过数字方式呈现的以语言符号为主的文本。但姜洪伟认为,有些使用者试图把视频、照片等也囊括进数字化阅读的范畴,是不妥当的,那就把"阅读"的内涵无限扩大了。③大多数学者比较认可第一种观点,并认为数字化阅读最常见的形式包括电视阅读、网络阅读、手机阅读等。④

本书认为数字化阅读指利用数字设备读取信息的活动。数字化阅读的文本类型不仅仅包括通过数字方式呈现的以语言符号为主的文本,其他如图片、音频、视频及其组合等都属于数字化阅读文本的范围。数字化阅读与其他经常使用的网络阅读、电视阅读、手机阅读等可以在同等意义上使用。正如阅读是学习的基础,数字化阅读也是教育信息化2.0时代数字化

① 参见张慧中:《数字化阅读的喜与忧》,载《人民日报》2008年10月22日。
② 参见王余光,等:《中国阅读文化史论》,北京图书馆出版社2007年版,第19页。
③ 参见姜洪伟:《数字阅读概念辨析及其类型特征》,载《图书馆理论与实践》2013年第9期。
④ 参见朱咫渝、史雯:《新媒体时代数字化阅读的审视》,载《现代情报》2011年第2期。

学习的基础。在数字化时代，数字化阅读既是一种获取信息和学习知识的基本途径，更是一种生存能力。

（三）全民阅读

全民阅读作为漫长人类阅读史上的一个当代新生理念，其含义早已蔓延出书斋的狭小空间，推及整个人类当下与未来的视域之中。[①]就脑力劳动的形式来看，阅读是个体行为，表现出鲜明的个体性；就信息交流的手段来看，阅读又表现出作者和读者之间相互交流的群体性。阅读常以个体阅读为基础，逐渐形成班级、学校的群体阅读，进而扩展为社会各阶层的大规模群众性阅读活动，于是，便构成了一个行业、地区和国家的社会阅读活动。阅读行为强烈的社会性决定了我们研究阅读，不能仅研究学校阅读教学，还要研究社会阅读活动。[②]全民阅读就是社会阅读活动。对“全民阅读”进行概念界定前，首先要对“阅读推广”“阅读教育”等与“全民阅读”最相关的概念进行梳理。

1.阅读推广

“阅读推广”是在“阅读辅导”“阅读指导”等概念的基础上发展而来的，也称为“阅读促进”。目前学界和业界对阅读推广没有形成统一而明确的概念，学界的研究主要从三个角度进行：其一是教育学角度，其二是传播学角度，其三是社会整体角度。从教育学角度看，认为阅读推广是一种对国民进行阅读指导的阅读教育辅导活动。从传播学角度看，认为阅读推广是一种文化传播活动。从社会整体角度看，认为阅读推广是以“阅读”为中心开展的各种以促进全民阅读为目标的活动总和。[③]联合国教科文组织倡导和组织了关于阅读推广的很多活动，诸如扫盲活动、全民教育活动、终身学

① 参见中国新闻出版研究院、江苏省全民阅读办：《国外全民阅读法律政策译介》，译林出版社2015年版，第369页。
② 参见曾祥芹、韩雪屏：《阅读学原理》，大象出版社1992年版，第2页。
③ 参见周燕妮、聂凌睿、马德静：《书香社会：全民阅读导论》，海天出版社2017年版，第66—68页。

习活动等，这些活动以促进教育为主旨，其中所包含的提升识字能力、培训阅读技能、激发阅读兴趣等实质上就是阅读推广。[①]鲁黎明认为阅读推广的实质是部分承担文化传承和社会教育职能的机构，通过各种途径和手段唤起国民的阅读意识，培养国民的阅读习惯，为国民提供阅读便利，从而促进国民综合素质的提高。[②]阅读推广总体上包含两层含义：一是阅读指导，即阅读能力、阅读技法、阅读心理等与中小学阅读课堂和阅读教学相关的内容；二是阅读促进，即一种经验式的阅读文化传播，通过多元化的形式和媒介引导社会阅读，培养阅读兴趣，提升阅读素养，建设书香社会。[③]

2. 阅读教育

阅读教育是为了提高国民的阅读兴趣和阅读素养，国家所采取的一系列与阅读相关的教育手段、制度、政策等的总和。全民阅读教育在一定程度上反映了国家在语言文化方面的政策。芬兰著名语言学家托芙·斯古特纳伯·康格斯认为语言是一种纽带，我们的母语既是我们认同的标志，又是形成我们认同的渊源。因此，语言教育决定着公民对国家和民族的认同，阅读教育作为语言教育的重要组成部分，自然也就与国家的语言统治联系在一起。[④]

全民阅读的概念起源于联合国教科文组织。1972年联合国教科文组织正式提出“学习型社会”的概念，并向全世界发出“走向阅读社会”的号召，要求社会成员人人读书，使图书成为生活的必需品，读书成为每个人日常生活不可或缺的一部分。1995年，联合国教科文组织第二十八届大会宣布每年的4月23日为“世界读书日”。每年的这一天，世界上100多个国家都会举办各种各样的庆祝活动和图书宣传活动。我国最早由官方倡导的

① 参见刘亮：《联合国教科文组织的阅读推广活动与图书馆》，载《图书与情报》2011年第5期。
② 参见鲁黎明：《论阅读推广内涵与阅读推广工作原则》，载《宁波教育学院学报》2015年第1期。
③ 参见周燕妮、聂凌睿、马德静：《书香社会：全民阅读导论》，海天出版社2017年版。
④ 参见张燕：《20世纪80年代以来美国阅读教育改革与发展研究》，福建师范大学硕士学位论文，2011年。

"全民阅读"活动应该是1997年由中央宣传部等部门共同组织实施的"知识工程"。"知识工程"是以发展图书馆事业为手段,以倡导读书、传播知识、推动社会文明与进步为目的的一项社会文化系统工程。"知识工程"的实施拉开了我国全民阅读的序幕。2006年,为了贯彻落实建设学习型社会的方针,中央宣传部等部门号召在全国开展全民阅读活动。2012年"开展全民阅读活动"被写入党的十八大报告。之后,"全民阅读"成为阅读推广和国家颁布的相关政策、法规中约定俗成的正式概念。

著名阅读推广学家徐雁认为,全民阅读至少包括三个方面的基本人文内涵:对社会群体来说,各行各业、各阶层都应该是全民阅读推广的对象;对个体来说,阅读是人生全过程的阅读,是终身学习的一种形式;对图书馆、书店来说,是对全品种的读物进行推广。[①]江作苏、陈振国认为,全民阅读是与个人阅读相对应的一个概念。个人阅读的群体化、社会化、全民化就是全民阅读。相对于个人阅读,全民阅读是社会整体的意志和行为,具有社会性、综合性、广泛性的特征。[②]李宁欣认为,全民阅读就是希望社会成员人人读书,让读书成为日常生活中不可或缺的一部分。[③]另有学者认为,全民阅读就是给予全体国民享受阅读的平等权利,让每个公民都能得到通过阅读改变人生、实现梦想的机会,这既是文化生长的迫切需求,也是政府履行公共职能、服务大众、改善民生的重要途径。[④]

综上所述,本书认为,全民阅读是指在保障阅读权平等的理念下,为提高国民科学文化和思想道德素质,弘扬中华优秀文化传统,增强国家和民族认同感而由政府组织、社会力量积极参与的阅读推广和促进工作。由于阅读推广、阅读教育、阅读促进等概念的使用历史悠久,而全民阅读在我国

① 参见徐雁:《"新阅读时代"的新挑战和新机遇》,载《图书馆杂志》2012年第1期。
② 参见江作苏、陈振国:《全民阅读立法取向与价值阈定位》,载《今传媒》2016年1期。
③ 参见李宇欣:《我国全民阅读立法现状的调查与分析》,安徽大学硕士学位论文,2017年。
④ 参见中国新闻出版研究院、江苏省全民阅读办:《国外全民阅读法律政策译介》,译林出版社2015年版,第369页。

主要是经法律和政策文本使用而形成的学术性概念，因此，本书将阅读推广、阅读教育、阅读促进等类似词语，视为与全民阅读含义相同。

（四）全民阅读立法

阅读立法是随着国际社会逐步认识到阅读对国民综合素质与国家核心竞争力有重要影响，并将全民阅读上升到国家战略高度后采取的阅读保障措施。由于法律具有稳定性、强制性等特征，各国逐渐重视制定各类法律法规来推动全民阅读的顺利开展。如美国为培养学前儿童的阅读能力，出台了《卓越阅读法案》《不让一个孩子掉队法案》；日本颁布了《少年儿童读书活动推进法》等。各国根据不同的国情实施了不同的阅读保障和促进措施，制定法律也采取了不同的模式，如有的制定综合性的以全民阅读命名的法律，有的采取以教育法为主其他部门法为辅的立法模式，有的采取图书馆立法的模式，有的采取图书出版与知识产权保护的模式。

在我国，面对阅读危机，2013年全国两会期间，115位全国政协委员联名提出《关于制定实施国家全民阅读战略的提案》，提案建议制定实施国家全民阅读战略，并提出五项具体建议。其中第三项建议为进行全民阅读立法，由全国人大制定全民阅读法，国务院制定全民阅读条例，以法律法规的形式助推全民阅读工作步入法制化轨道。在社会各界的呼吁之下，2013年全民阅读立法被纳入国家立法工作计划。2014年11月全国第一个全民阅读地方性法规《江苏省人民代表大会常务委员会关于促进全民阅读的决定》正式颁布。

综上所述，全民阅读立法指国家为了保障公民平等地享有阅读权，以制定法律、法规、规章的形式明确政府及其他主体在全民阅读推广中的具体职责，以保障全民阅读推广机制的正常运转，促进全民阅读事业的发展。

本书所称法律，是指《中华人民共和国立法法》[①]所规定的法律、行政法规、地方性法规和地方政府规章，不包括政策。

三、研究设计

（一）研究目的与意义

1.研究目的

本书以关注公民阅读权为主旨，以发现并解决我国目前全民阅读立法存在的问题为目标，将全民阅读立法放在数字时代数字信息技术对全民阅读生态的影响维度下进行审视，借鉴阅读权理论、协同治理理论、公共文化服务理论、促进型立法理论等理论思想，寻求改进和优化全民阅读立法的路径与策略，为我国全民阅读的国家和地方立法提供理论借鉴和实践参考。

2.研究意义

（1）理论意义

第一，本书关于全民阅读立法的研究有利于丰富数字时代的阅读推广理论。数字化环境下阅读媒介、阅读方式和阅读环境等正发生着较大的变化，本书从阅读生态理论角度出发，从阅读主体、客体、中介以及环境四个要素分析数字信息技术对阅读生态带来的机遇与挑战，丰富阅读推广理论。

第二，本书关于全民阅读立法的研究有利于丰富数字时代的阅读权理论。阅读权作为全民阅读立法的逻辑起点和法理基础，从法理上认清其内涵及性质，对全民阅读立法具有重要意义。本书从法理上分析阅读权的渊源、性质、权利结构，并对数字化环境下阅读权与国家教育权、信息网络传

① 以下简称《立法法》。

播权的冲突与平衡进行探讨，丰富阅读权理论。

第三，本书关于全民阅读立法的研究有利于推动全民阅读立法理论研究深入发展。本书吸收多学科的理论思想，从阅读权理论、法的价值理论、协同治理理论、公共文化服务理论、促进型立法理论等角度建构全民阅读立法的理论基础，为我国全民阅读立法提供理论借鉴，推动全民阅读立法理论研究深入发展。

（2）实践意义

学术研究的基本功能在于利用科学的研究成果，为现实的社会实践提供直接或间接的服务。本研究能对目前我国全民阅读立法提供理论借鉴和参考，具有一定的实践价值。

第一，为我国全民阅读立法提供实践参考。《全民阅读“十三五”时期发展规划》提出："将全民阅读纳入法制化轨道，规范政府责任，保障公民基本阅读权利，促进全民阅读服务体系建设。推动地方全民阅读立法工作。到2020年，推动全国所有省（自治区、直辖市）出台本地的全民阅读地方性法规、地方政府规章及政策性文件等。”目前，全民阅读的国家立法还未正式颁布。截至2020年12月，我国已颁布了15个全民阅读的地方性法规和地方政府规章，虽然从一定程度上促进了全民阅读事业的发展，但也还存在许多问题。本书从数字时代的背景出发，借鉴多学科理论思想建构全民阅读立法理论基础，通过政策文本分析法、比较分析法、价值分析法分析目前全民阅读立法存在的问题，在分析原因的基础上提出全民阅读立法优化的对策建议，对正在进行的国家及地方全民阅读立法具有一定参考价值。

第二，唤醒国民的阅读意识和阅读权意识。阅读是人们求知、立身的基本途径，是个人发展的精神源泉。阅读权作为一项基础性权利，它实现得好与否将直接影响公民的就业权、知情权、参政权、发展权等权利的实现。[①]同时，阅读权也是一项隐性权利，目前大多数国民对它的重要性认识

① 参见张麒麟：《全民阅读立法研究》，南京大学硕士学位论文，2015年。

不够。全民阅读立法的理论研究,一方面可以唤醒国民的阅读意识,使其认识到阅读对个人、社会和国家的重要意义,养成主动阅读的习惯;另一方面可以唤醒国民的阅读权意识,充分发挥权利主体的请求权和救济权权能,督促和监督义务主体充分履行保障义务,优化阅读环境,促进书香社会的建设。

(二)研究问题与内容

1.研究问题

本书以数字信息技术对阅读生态的影响与挑战为背景,借鉴多学科理论建构和丰富全民阅读立法理论,通过文本分析,剖析我国全民阅读立法目前存在的主要问题,通过对问题的原因反思,提出我国全民阅读立法优化的对策建议。本书主要回答的问题包括:数字信息技术对阅读生态带来何种机遇与挑战?全民阅读立法的法理基础是什么?阅读权渊源、性质与基本内涵是什么?数字化环境下阅读权与国家教育权、信息网络传播权发生冲突时,如何进行平衡与协调?全民阅读立法应追求何种法律价值?全民阅读立法可以借鉴哪些理论思想?目前我国的国家立法和地方立法存在哪些具体问题?导致这些问题的深层次原因是什么?完善和优化我国全民阅读立法的理念、策略是什么?

2.研究内容

研究主要分为以下几个板块:

(1)分析目前我国全民阅读立法的现实背景。

(2)建构全民阅读立法的理论基础。

(3)审视我国全民阅读立法的现状,找出存在的问题。

(4)从经济、教育、媒介、法理等方面分析原因,找出问题根源。

(5)提出完善和优化我国全民阅读立法的理念、策略。

（三）研究思路与方法

1.研究思路

第一步：背景分析。以阅读生态理论为视角分析数字技术带给阅读生态的机遇与挑战，将全民阅读立法放在数字技术对阅读生态的机遇与挑战的维度下进行审视，把握立法的时代语境。

第二步：理论建构。首先，本书以阅读权为研究起点，从法理上分析阅读权的渊源、性质、权利结构，并对数字化环境下阅读权与国家教育权、信息网络传播权的冲突与平衡进行阐述，丰富阅读权理论。其次，本书借鉴和引入协同治理理论、公共文化服务理论和促进型立法理论，丰富全民阅读立法理论思想。最后，法的价值是立法的思想先导，研究全民阅读立法价值，有助于我们准确把握全民阅读立法价值理念的内容。

第三步：问题审视。利用政策文本分析法、比较法等研究方法对我国全民阅读的国家和部分地方立法文本进行分析，找出存在的具体问题。

第四步：原因反思。从经济、教育、媒介、法理等方面分析目前全民阅读立法存在问题的原因。

第五步：提出对策。结合理论分析和原因反思，从立法定位、立法模式、立法体系与体例、立法制度和立法机制五个方面提出全民阅读立法优化对策和建议。

2.研究方法

本书主要采用了如下研究方法：

（1）文献分析法

文献分析法是人文社会科学最基础的研究方法，是指基于一定的目的，针对研究主题通过搜集相关文献和分析文献而进行研究的一种研究方法。包括文献的查阅、文献的鉴别与整理、文献的解释与分析等具体内容。本书围绕数字时代、数字化阅读、全民阅读推广、阅读教育、阅读权、阅读政策、阅读立法等主题，搜集相关文献，并对文献进行整理与分析，确立研究的问题及内容。

（2）政策文本分析法

政策文本指通常表现为文件形式，由国家颁布的相关法律、法规和规章等。政策文本分析可以看作是从不同理论视角和学科背景来分析法律、法规和规章以及政府公文的多种文本分析方法的集合。[①]一般而言，政策文本分析可以分为三种类型：一是文本定量分析，最一般的表现是对文本中某些关键词的词频进行统计，重在描述文本中的某些规律性现象或特点，属于传统的内容分析方法；二是对文本中的词语的定性分析，多从某一视角出发对文本进行阐释，属于话语分析范畴；三是综合分析，也就是将文本的定量分析与定性分析相结合，既有定量描述，也有定性阐述，甚至还有预测。[②]本书主要采用政策文本定量分析与内容定性分析相结合的方法，重点基于全民阅读的国家立法和地方立法开展研究。通过政策文本分析，不仅可以从整体上把握我国全民阅读立法的进程，还可以从立法技术和立法内容方面对全民阅读的国家立法和地方立法进行具体比较和分析，找出立法存在的问题与不足。

（3）比较研究法

本书一方面通过对国家立法与地方立法之间以及各地方立法之间的比较，分析目前我国全民阅读立法存在的具体问题；另一方面通过对部分国家阅读立法的比较，分析其在阅读立法中的先进经验，希冀为我国全民阅读的国家和地方立法提供参考。

（4）价值分析法

价值分析法是法学研究的重要方法，是指通过认知和评价社会现象的价值属性，从而揭示、批判或确证一定社会价值或理想的方法。所有的立

① 参见涂端午：《教育政策文本分析及其应用》，载《复旦教育论坛》2009年第5期。
② 参见王迎、魏顺平：《近十五年我国职业教育政策文本计量分析研究》，载《中国职业技术教育》2012年第12期。

法活动都是针对不同价值的选择活动。当立法者为人们界定权利义务的界限时,他们实际上就是力图通过保护、奖励和制裁等法律手段来肯定、支持或反对一定的行为,从而使社会处于一种在立法者看来是正当或理想的状态。价值分析法的运用本质上就是一种利益选择与再分配的过程,即对法律蕴含的权利义务关系进行重新确认和价值评估的过程。

第一章
数字技术带给阅读生态的机遇与挑战

以计算机技术、通信技术和信息处理技术为核心的技术革命，将人类带入了数字化时代。数字化指借助计算机技术把语言、文字、声音、图像等转换为数字形式进行信息交流的过程。它是一种以二进制代码“0”和“1”为载体，以网络技术为基础，通过计算机的自动符号处理来实现信息交流的方式。[①]数字化不仅是一种技术，更是一种生存方式，人类生存于一个数字化的活动空间，运用数字技术进行信息传播、交流、学习、工作等活动。数字技术催生了阅读的变革，给阅读生态的发展带来了机遇，同时，也给阅读生态的发展带来了挑战。全民阅读立法顺应时代潮流，深刻认识数字技术对阅读生态的影响，合理利用数字技术提升全民阅读服务的效能，具有重要意义。

一、阅读生态概述

信息生态系统是信息人之间、信息人与信息生态环境之间相互联系、相互作用的有机整体。[②]信息生态系统是由信息、信息人、信息环境组成的具有一定自我调节能力的人工系统。[③]信息生态系统主要包括信息、信息人、信息环境三个要素。从三者的关系来看，信息人是信息生态系统的主体，

① 参见郑保卫、樊亚平、王静，等：《数字化技术与传媒的数字化革命》，载《国际新闻界》2007年第11期。
② 参见娄策群、徐黎思：《信息服务生态链功效的影响因素及提升策略》，载《图书情报工作》2011年第4期。
③ 参见马捷、靖继鹏、张向先：《信息生态系统的信息组织模式研究》，载《图书情报工作》2010年第10期。

主要包括信息生产者、信息传递者、信息消费者、信息监管者;信息是信息生态系统的客体,是信息人之间以及信息人与信息环境之间相互作用的纽带;信息环境是信息生态系统的背景和场所,包括物质环境和社会环境,对信息和信息人有较强的影响和作用。①

杨沉等认为新媒介阅读生态系统以新媒介为信息载体,以阅读生态链为能量运输线,以信息传输为己任,以阅读者获得信息为最终目的。新媒体阅读生态系统由信息人、信息(网络信息)、媒介和阅读环境四个要素构成。其中,信息人主要指一切需要信息并参与信息活动的主体,他们是构成新媒体阅读生态系统的网络节点,负责信息的生产、传播、接受和消费,主要包括信息生产者、信息组织者、信息分解者、信息传递者和阅读者。信息就是网络上的各种知识、资讯、评论和其他言语等,信息在各个主体之间流动、交换和转换,实现阅读生态系统的能量传递。阅读环境是信息人、信息活动和运行的场域,包括社会环境和物质环境。从狭义上讲,媒介本来属于物质环境,包括以互联网通信技术为依托的各类移动阅读装置、PC等新媒介及其技术,但是为了突出重要性,将其单独列出。②

本书借鉴信息生态理论,把阅读看作是一种实践行为。在阅读实践活动中,主体即读者,是指从事阅读活动的人;客体是指主体阅读的对象,也就是供读者阅读的各类阅读资源,而各种阅读资源承载的是阅读生态系统中的信息;中介把主体和客体(信息)联系起来,包括进行信息加工和传播的主体、阅读工具(媒介)等,其中信息加工和传播主体包括创作作品的作者、出版单位、阅读推广组织、互联网企业、图书发行单位等;环境包括物质环境和社会环境,社会环境主要包括以政策、法规、文化、教育等为内容的非物质因素。综上所述,本书认为阅读生态是由阅读主体(读者)、客体(信

① 参见张春春:《基于图书馆信息生态系统的阅读困难群体服务路径研究》,载《图书馆》2014年第5期。
② 参见杨沉、张家武、黄仲山:《全民阅读视角下新媒体阅读生态重构研究》,载《图书情报工作》2017年第12期。

息)、中介(信息生产者、传播者、媒介技术等)、阅读环境等构成的有机整体。

二、数字技术带给阅读生态的机遇

数字技术是通信技术、微电子技术和计算机技术的总称。[①]数字技术是按一定规则将连续变化的信号离散取样,并将离散的信号量化为"0"和"1"的数字形式,再对数字形式的信号进行处理、加工、传输。数字技术与模拟技术相比具有便于处理、控制精度高、通用灵活和抗环境干扰力强一系列优点,从而极大提高了人们处理信息的能力。[②]外部信息环境变化是信息生态系统进化的根本动力,信息人的态度和主导因子的变化是信息生态系统进化的先导因素,其他要素的适应性改造是信息生态系统进化的实现过程。信息技术处于不断发展变化的状态中,一方面,先进信息技术会引起信息人的兴趣和重视,满足信息人的求新心理;另一方面,新的信息技术会改变信息生态系统的资源形式和资源传递方式,即数字化和网络化促使信息生态系统采用新技术。[③]数字化信息技术的变革首先导致外部信息环境的变化,外部信息环境的变化直接作用于阅读生态系统,影响系统各要素和向其施加压力,导致系统内信息需求、信息结构、信息流转量和流转方式等随之发生变化。由于信息生态系统内各要素是相互依存的共生关系,信息技术、信息、阅读者的态度、信息生态链的连锁效应,导致系统内其他要素随之发生适应性改变。[④]

数字技术催生了阅读的变革,给阅读生态的发展带来了机遇。因数字化阅读契合全民阅读的均等性与便利性特征,目前数字技术已经成为全民

---

① 参见吴汉东、胡开忠:《走向知识经济时代的知识产权法》,法律出版社2002年版,第101页。

② 参见易健雄:《技术发展与版权扩张》,法律出版社2009年版,第148页。

③ 参见娄策群、杨小溪、王薇波:《信息生态系统进化初探》,载《图书情报工作》2009年第18期。

④ 参见杨沉、张家武、黄仲山:《全民阅读视角下新媒体阅读生态重构研究》,载《图书情报工作》2017年第12期。

阅读推广的重要手段。数字技术带给阅读生态的机遇主要有以下几个方面。

1.造福阅读主体

(1)提升阅读兴趣

学习兴趣是指一个人对学习的一种积极的认识倾向与情绪状态。从教育心理学的角度来说,学习兴趣是一个人倾向于认识、研究从而获得某种知识的心理特征,是可以推动其求知的一种内在力量。学习兴趣大体上可以分为直接学习兴趣与间接学习兴趣两种。前者是由所学材料或学习活动过程本身直接引起的。后者是由学习活动的结果引起的。在教学过程中经常使用的多媒体课件等教学资源其实就是从听觉、视觉等多方面刺激学生,使学生的学习感悟更具体、更生动、更直接,从而激发学生的学习兴趣。

阅读是一种从语言和符号中获得意义的自我建构的实践活动。建构学习理论强调学习主体在学习过程中的主动性,因此,阅读习惯的培养,关键在于激发阅读主体的兴趣。阅读的具象性是指用直观、形象的方式来表达阅读的内容。而数字化阅读追求的是一种动态和综合性理解的阅读效果,与传统阅读资源相比,数字化阅读资源以视频、音频、文字、图案等任一方式或组合方式呈现,能有效地刺激阅读主体的感官,加深阅读主体对阅读内容的理解,提升阅读主体对阅读的兴趣。信息技术的发展,让我们不但可以阅读传统书籍,还可以阅读文字、图片、动画、声音等相结合的数字化图书。特别是虚拟现实技术的运用,让阅读更加生动有趣。数字化阅读比起传统的阅读方式,生动点明显增多,相比全是文字的图书,有声音、画面的数字化图书更能提升读者阅读兴趣。《移动时代的阅读 发展中国家移动阅读研究》指出,“大部分移动阅读者在接受移动阅读后,相比之前读得更多。62%受调查者表示,现在可以在手机上进行更多的阅读"[①]。

(2)促进阅读自由

传播新技术的革命意义在于它给予受众信息接触全面的主导权,从内容的定制到工具的选择,再到时间和空间的掌握,都由自己说了算。[②]自从人类学会了阅读,总是希望更简便、更快捷、更愉悦地获取信息,希望能够更自由自在、随时随地地获得希望获得的信息。[③]这种需求成为阅读文化发展和变化的重要动力。数字化阅读带来阅读的全方位改变,它使阅读由封闭走向开放,由静态走向动态,由单一走向多元,从文本/作者中心主义走向读者中心主义。在数字化阅读出现以前,读者处于一个封闭的空间,他们面对的是既定的、单一的文本,读者与作者和文本的交流是单向的,采用线性的思维方式。而在数字时代,读者能更自由地多渠道解读信息,释放自己的情感和感官体验,并对信息进行自由的、有利于自己的再创作和再加工,使阅读变成一个更开放、更快乐的体验过程。在此过程中,读者拥有更大的自主权,他们既决定着作者和文本的创作导向,也更自由地对阅读渠道、阅读内容进行取舍。他们在阅读中分享,在阅读中传播,从这个意义上说,读者作为传播主体的特性在此过程中得到了史无前例的充分体现。[④]

阅读的自由主要表现在阅读内容、阅读方式、阅读时间和阅读空间等方面的选择自由,数字化阅读的交互性、便于检索、泛在化等特征从根本上解放了传统阅读对读者的束缚。传统图书资源由于受到运输、检索等条件的制约,读者获得的阅读资源相对有限,内容的可选性不多,数字化阅读资源增加了读者的内容选择自由。以前,人们要分享自己所拥有的资源,非常

① 参见Mark West & Han Ei Chen:《移动时代的阅读 发展中国家移动阅读研究》,沈浠琳、薛玉贞、王晨宇,译,载《图书馆论坛》2015年第9期。

② 参见沈蔚:《数字阅读研究:从文化消费到意义生产》,武汉大学博士学位论文,2013年。

③ 参见李新祥:《数字时代国民阅读行为嬗变研究》,中国社会科学出版社2014年版,第89页。

④ 参见沈蔚:《数字阅读研究:从文化消费到意义生产》,武汉大学博士学位论文,2013年。

麻烦，必须面对面进行分享和沟通，如果距离过于遥远，只能通过书信的方式进行，这种方式效率低，而且极其制约人们想要沟通的积极性。而在数字化时代，互联网和信息技术的发展，让无障碍沟通成为可能，距离不再是问题，人们可以在网络上随时分享自己的所见所闻、自己的知识和其他任何想分享的东西，并且可以及时得到回复，与信息共享者进行互动交流，在网络人际社区找到价值认同和精神认同。在互联网终端上，人们乐意与陌生人分享自己的知识、感想、生活等。在互联网上，用户阅读一本书或是一条信息，无论在何时何地，都可以进行分享或转载；在互联网上，每一条信息都会有分享、转载、收藏、评论等选项，用户可以根据自己的需要进行相关操作。网络的开放共享能弥补资源稀缺的不足，使资源得到共享。数字化阅读降低了阅读主体的门槛，实现了泛在化阅读，一部手机，一个立锥之地，读者就可以沉浸在阅读之中。泛在化阅读指无处不在的阅读，是一种任何人可以在任何地方、任何时间阅读所需的信息的阅读方式。泛在化阅读突破了时间、空间的限制，促使阅读更加自由和便利。《移动时代的阅读发展中国家移动阅读研究》指出，"超过2/3受调查者指出，自己在手机上阅读的主要原因是便利性。定性的电话访谈也证实了该调查结果，当提到移动阅读的最大益处时，受访者最经常提到的是便利性"[①]。

(3)促进阅读平等

传播学者约书亚·梅罗维茨提出了媒介与社会权利的关系，认为传播媒介越是倾向于将社会中不同人的知识分开，该媒介就会支持越多的权威等级；传播媒介越是倾向于融合信息世界，该媒介就会越鼓励平等的交往模式。[②]数字化媒介打破了传统大众媒介对知识和信息的控制，具有自由和

① 参见Mark West & Han Ei Chen:《移动时代的阅读　发展中国家移动阅读研究》，沈浠琳、薛玉贞、王晨宇，译，载《图书馆论坛》2015年第9期。

② 参见[美]约书亚·梅罗维茨:《消失的地域:电子媒介对社会行为的影响》，肖志军，译，清华大学出版社2002年版，第48-65页。

平等的内在属性，在实现全民阅读的均等性和便利性方面具有天然的优势。

地区发展差异、社会阶层差异、城乡差异等因素，导致目前还存在阅读资源分布不均衡的情况，一些特殊群体如进城务工人员子女、农村留守儿童、残障人士等，对阅读资源的获取存在一定的难度，其阅读素养也有待提升。信息技术的发展为这些特殊群体带来了希望，数字信息技术解决了长期以来纸质图书印刷成本和物流成本较高的问题，纸张和油墨越来越多地被“比特”和“字节”取代，物理传播渠道正在被电缆取代，电缆能瞬间将电子信息传播到地球上最遥远的角落。除此之外，大量的数字资源在各大图书馆等平台免费开放。数字化阅读资源及平台在一定程度上解决了传统阅读资源不足和分布不均衡的问题，使特殊群体获取阅读资源更加便利，阅读的数字鸿沟在一定程度上被逐步缩小。视频阅读、语音阅读、图片阅读等阅读方式多样，眼盲者、失聪者、其他肢体残疾者等可选择合适的方式进行阅读，看书不便和不能看书的问题得以解决。并且与听相结合的阅读更具趣味性，降低了文化消费对教育程度的要求，更能吸引那些读写能力低或者没有阅读习惯的人参与，增强了文化传播的平等性与民主性。

《移动时代的阅读 发展中国家移动阅读研究》指出，联合国教科文组织估计，全世界约有7.74亿人无法读或写，对于这些人，文盲现象可归因于——至少部分归因于——无法获得文本。世界面临着一个根本性的挑战，即如何将文本带给那些成千上万的缺少文本的人。有什么样的机制能让地球上最贫困的人们也能获得书籍？至少在近期，这个问题的答案是移动设备，更确切地说是手机。为什么呢？联合国最近的数据表明，在70多亿的全球人口中，超过60亿拥有可用的手机。移动阅读为弱势群体的扫盲开辟了新的途径，特别是妇女和孩子，还有那些不能获得纸质图书的人群。①

“书香中国e阅读”推广工程，就是以进城务工人员为主要推广对象，向其免费提供数字阅读服务的工程。工程未来将推广覆盖到全国2.9亿进城务工人员。该工程旨在通过手机阅读等方便、快捷的方式着力保障进城务工人员的公共文化权益和基本阅读需求，进一步提升进城务工人员的思想道德素质和科学文化素质。其主要特点包括依托中国移动大数据，开展精准推荐，保障进城务工人员进行免费阅读等。其他如数字农家书屋、卫星书屋、盲人数字图书馆等数字化阅读平台及资源，正在成为改善特殊群体阅读状况，促进阅读平等的重要手段。

2.改变阅读客体

数字信息技术将所有阅读信息以“0”和“1”的代码存入互联网。数字化阅读资源与纸质图书相比，印刷、物流和仓储成本减少了，具有成本低、储存容量大、占用空间小、易于检索和方便共享等优势，并且通过检索技术能让每个资源都变成更有价值的大数据。信息技术的发展改变了以往信息的生产方式，人人都可以在互联网上传播信息，并且传播速度极快。在互联网上，每分钟产生的新信息是以往的无数倍，在高速运转的虚拟世界中，信息资源急剧增加，人们可以在互联网上找到自己需要的各种信息，并且大多数信息可以免费获取。融合媒介的发展拓展了信息服务链条，各种类型、各种形式、各类层级的阅读资源应有尽有。

3.丰富阅读中介

“互联网+”模式不仅使数字出版产业模式的变革加快，还催生了全民阅读推广服务模式的巨大变革。社交媒体发布推广信息、移动化阅读资源等，无不体现出数字信息技术促进阅读推广服务模式的创新发展。数字新

① 参见Mark West & Han Ei Chen:《移动时代的阅读　发展中国家移动阅读研究》，沈浠琳、薛玉贞、王晨宇，译，载《图书馆论坛》2015年第9期。

媒体对全民阅读推广的正面影响主要有:重塑推广环境、创新服务模式、拓展服务空间。[①]数字化阅读有诸多便利性,它已经成为全民阅读推广的重要形式。

(1)创新信息生产和发表模式

传统纸媒时代,信息传播模式多为单向的,信息按照生产者、传播者、阅读者的规程和顺序流转,信息节点的身份是单一和固定的,而数字时代,信息传播和转化的关系要复杂得多。新媒体具有的上传、转发、评论、链接等功能,使人人皆可以生产、分解、组织、传播信息。[②]从单向传播变为双向传播的去中心化传播模式,抹去了信息发布者与信息接收者之间的差异[③],信息生产者与接受者的界限变得更加模糊,出版的内涵正发生改变,以作者为中心的信息生产模式逐步转变为以读者为中心的信息生产模式。如在微信、微博等新媒体平台上,用户随时可以发表自己创作的信息;在维基百科、百度百科和搜狗百科等平台上,用户都可以选择编辑词条来创建新的信息并进行发布,供其他读者使用;在一些文学网站上,作者可以自己上传文章然后经审核后,供其他用户下载阅读等。去中心化的信息生产和传播模式,本身就是对信息生产模式的颠覆。

数字时代,媒介的融合发展延展了阅读信息生产和传播链条。为读者提供信息的媒体不再局限于传统的大众媒体,如图书出版社、报社、期刊社等,而由传统大众媒体、数字出版企业、互联网公司、移动通信运营商等各种社会组织共同为读者提供信息服务。

(2)创新阅读推广服务模式

其一,利用数字信息技术实现精准化和个性化阅读服务。网络媒介由于具有海量信息容纳能力,能以最短的时间把散乱的数据信息进行科学整

① 参见蒋峰:《新媒体时代政府推进"全民阅读事业"的对策研究》,西北农林科技大学硕士学位论文,2015年。
② 参见杨沉、张家武、黄仲山:《全民阅读视角下新媒体阅读生态重构研究》,载《图书情报工作》2017年第12期。
③ 参见杨沉、张家武、黄仲山:《全民阅读视角下新媒体阅读生态重构研究》,载《图书情报工作》2017年第12期。

理，从而在网络上建构出超大容量的文化空间。新媒体时代背景下，读者构成有了很大变化，读者群体表现出分散的特征，因此必须有相互配合的差异化服务。新媒体能精准定位用户，既实现文化的高效传播，同时也可根据用户的信息接收偏好和终端使用差异实现“一对一”的个性化服务。① 通过大数据分析数字化阅读平台上读者的阅读习惯和阅读水平，可实现向其推送感兴趣的内容，实现精准化和个性化服务。

其二，利用数字信息技术打破阅读服务的时空限制。传统的阅读推广服务受到物理空间的制约，而数字化阅读平台、阅读网站等则打破了读者和阅读资源之间的地域限制，开拓了新的阅读服务空间。数字信息技术使常规的文化服务部门固定的文化服务模式变成了智能化的不受时空制约、方便存取、远程网络传播的信息服务方式，达到了公共文化服务的高效、简便、快速的要求，还形成了和以往的服务体系互补的数字化的服务体系。② 例如：卫星通信技术让卫星书屋服务覆盖到偏远的农村山区，这一融合卫星通信网、有线互联网、移动互联网技术特点和优势建构的“天地一体化”数字化解决方案，具有覆盖面广、传输效率高和容量大、信息安全可靠、投入成本低等优点，可有效解决偏远地区阅读服务难题。读者随身携带的手机或阅读器等移动设备就是一个数字化的移动图书馆，读者可以将自己所需的内容上传至这些数字化设备，也可以通过手机等智能终端访问互联网网站或云平台，实现随时随地阅读。

4. 重塑阅读环境

媒介环境学认为，每一次新兴技术带来的传播媒介变革都会对人类社会环境进行一次意义深刻的重塑。同样，数字信息技术也在重塑我们的阅读环境。

---

① 参见蒋峰：《新媒体时代政府推进“全民阅读事业”的对策研究》，西北农林科技大学硕士学位论文，2015年。
② 参见蒋峰：《新媒体时代政府推进“全民阅读事业”的对策研究》，西北农林科技大学硕士学位论文，2015年。

(1)数字化阅读需求促进传统文化产业的转型

由于数字新媒体产生了“去中心化”的传播途径,此类传播途径在文化传播中应用广泛,抹去了信息接收者与发布者之间的身份差异。新媒体时代的“全民传播”效应进一步打击了传统媒体在文化传播过程中形成的文化传播霸权。[①]不容回避,数字化阅读行为的兴起,冲击了传统文化产业,包括图书出版、报纸出版、音像出版、实体书店等。随着互联网应用范围的不断拓展,其他传统传媒纷纷退缩。互联网改变了传媒产品制作和发布的经济特性,从而侵占了很多新闻、信息和娱乐公司的利润,对销售有形产品的传统企业的影响尤为明显。[②]新型阅读方式的兴起,使得阅读本身成为一种新兴产业。虽然传统文化产业受数字化阅读的影响较大,但数字化阅读行为也促进了传统文化产业的转型,尤其是促进了新型文化产业的兴起,从而促进了文化的繁荣。[③]

(2)数字技术催生了教育环境的变革

数字技术催生了第二次教育革命,正是由于技术的发展,教育的范围已经不再局限于学校之中,在学校外也传播着新的教育体系的种子,教育开始向终身学习转变,教育进入第三个时代。在教育的三个时代,教育责任、教育内容、教育方法、教育关系等主要有如下特征:[④]

第一,从教育责任方面看,学徒制时代,师傅决定教育的内容。学校教育时代,国家决定教育的内容。而在终身学习时代,教育的责任正逐渐回归到家长和个人。这个学习时代强调对教育进行定制以满足特定学习者的需要、兴趣和能力。我们可以从蓬勃发展的在家教育、远程教育和学习中心看到这一点。第二,从教育内容方面看,信息时代,由于知识的爆炸性

① 参见蒋峰:《新媒体时代政府推进“全民阅读事业”的对策研究》,西北农林科技大学硕士学位论文,2015年。

② 参见[美]尼古拉斯·卡尔:《浅薄——互联网如何毒化了我们的大脑》,刘纯毅,译,中信出版社2010年版,第98页。

③ 参见李祥新:《数字时代国民阅读行为嬗变研究》,中国社会科学出版社2014年版,第318页。

④ 参见[美]阿兰·柯林斯、理查德·哈尔弗森:《技术时代重新思考教育:数字革命与美国的学校教育》,陈家刚、程佳铭,译,华东师范大学出版社2013年版,第93–100页。

增长以及快速变化，通过学校教育来满足人一生的知识需要已经不再可能。人们首先需要具有从纷繁复杂的信息中获取和识别有用的信息的能力，学会如何学习和学会找到有用的资源成为教育的首要目标。第三，从教育方法方面看，学校教育方法正在发生变革。终身学习时代的教育依靠信息技术支撑学习环境，人机互动的技术手段让学生实现个性化学习。第四，从学习场所和教育关系方面看，全世界的人们正将教育从学校带入家庭、图书馆、网吧和工作场所。终身学习时代，学习者通过信息技术在学习共同体中建立各种联系，而信息的高度交互性弥补了部分人际交流的不足。

三、数字技术带给阅读生态的挑战

数字技术催生了阅读的变革，数字信息的特性契合全民阅读的便利性和均等性特征。数字技术给全民阅读事业的发展带来了机遇，同时，我们也应重视数字技术带给阅读生态的挑战。

1.浅阅读影响阅读主体思想深度

浅阅读，是一种浅层次的、以简单轻松甚至娱乐性为目的的阅读形式，其特征是阅读的快餐式、跳跃式、碎片化。面对目不暇接的信息流，即使排除娱乐性需求，用最少的时间浏览最多的信息的“效益最大化”日渐成为人们追求的目标。于是，一目十行、片面化、片段化阅读逐渐成为更多人的习惯，而“掩卷深思”的时间则越来越少。毫无疑问，我们正处于一个阅读方式发生巨大变化的浪潮之中。2006年，美国著名网站设计师杰柯柏·尼尔森在《眼球轨迹的研究》中指出，大多数情况下浏览者都不由自主地以“F”形状的模式阅读网页，这种基本恒定的阅读习惯决定网页呈现“F”形的关注热度，即细读页面前几行，后面就竖着略读。这种跳跃式、非线性的阅读方式很难让读者集中注意力和思考力，这种浅阅读难以让读者领悟文中的精义和要旨，难以做到深层次思考，难以品享漫游书海的宁静与书香，长此以往会导致读者知识结构的扁平化和思考的浅显化，最终会对整个民族的思维能力产生不利影响。"微博控"们总在不断刷新网页，以求掌握最新、最刺激的信息。小说读者们看到新趣味点不断出现，才能把注意力集中在小小的屏幕上。面对眼花缭乱的电子信息，阅读者不断地浏览资讯和进行娱乐，却没有时间系统地吸收知识、深入思考，他们只是像辛勤的小蜜蜂一样不断地与世界交换信息，却无法通过选择、消化、梳理而完整地建构知识体系，也就谈不上灵活地、创造性地运用知识。也就是说，"浅阅读"不能代替"深阅读"，如果"浅阅读"过于泛滥以至于挤占了"深阅读"的时间，将不利于知识和文化的传播。

数字化阅读本身不存在深阅读与浅阅读之分，但是由于数字化阅读环境的信息泛滥和污染，再加上读者缺乏数字化阅读素养，其容易在阅读过程中出现阅读迷茫状态，也极易改变最初的阅读旨趣，甚至误入歧途。

2.阅读信息过载和信息污染

资讯太多就如同资讯太少一样，都是一种对理解力的阻碍。正如约翰·奈斯比特所言，失去控制和无组织的信息，在社会里不再构成资源，相反却构成网络信息污染和成为信息工作者的敌人。新媒体阅读生态系统最大的特点是海量信息供给，包括供给过度和无效供给。海量信息汇集在互联网中，最终酿成信息海啸。海量信息中的无效信息、虚假信息等在导致信息超载、无效供给的同时，也消耗了人们阅读的时间和精力。[①]随着云计算、移动通信等数字信息技术的快速发展，信息的传播成本急剧下降，导致可供人们阅读的信息呈爆炸式增长。由于缺乏有效的选择性技术屏蔽手段，过载的信息让读者眼花缭乱，无所适从。苏霍姆林斯基在《给教师的建

① 参见杨沉、张家武、黄仲山:《全民阅读视角下新媒体阅读生态重构研究》,载《图书情报工作》2017年第12期。

议》中曾说，你的周围有一个书籍的海洋，应该严格地挑选阅读的书籍。这句话用到数字时代读者对阅读资源的选择上同样贴切。

错误、低俗的信息破坏了数字化阅读环境，导致网络信息污染危机扩大化。网络信息自由主义和网络信息的滥用、误用，造成了网络信息的污染，破坏数字阅读环境，而网络的全球性、全面性、超意识形态性特点，导致网络信息污染危机扩大化。暴力等网络信息垃圾严重腐蚀读者的灵魂，污染着内容的生态文明。①

3.数字技术对阅读中介的挑战

首先是对政府、市场/媒介、阅读者之间关系的重构。在纸媒时代，政府牢牢地控制着文化生产和传播的渠道，扮演着“强政府”的角色。随着市场经济迅猛发展，资本借助技术的东风，迅速地改变了媒介在文化市场和信息传播环境中的身份。资本涌向一个地方，市场就跟到那里，阅读者也就跟到那里。交互、即时的信息传播模式，加剧了网络信息监管难度，政府扮演着“弱政府”的角色。②其导致的结果就是资本/企业对阅读内容的引领和控制力加强，政府对阅读内容的监管力度减弱，出现阅读权与国家教育权的冲突。

其次是对信息安全的挑战。在数字化时代，阅读资源只需要通过网络就可以传播，但是在传播的过程中，也可能出现网络安全问题。资源在传播过程中，可能会遭遇恶意病毒，从而破坏资源存储设备等。一旦没有做好文件备份工作，文件就会面临永远丢失的风险。对于一些有保密性要求的信息，在网络上进行传播时，都可能存在信息被泄露的风险。在大数据时代，对信息的安全性提出了更高的要求。读者的阅读信息、匿名的互动式评论信息、图书购买信息、软件下载信息等都存在被泄露的可能。

---

① 参见周斌：《数字阅读的消极影响及其原因探究》，载《编辑之友》2014年第5期。

② 参见杨沉、张家武、黄仲山：《全民阅读视角下新媒体阅读生态重构研究》，《图书情报工作》2017年第12期。

4.数字化阅读服务对版权环境的挑战

数字技术已经从根本上改变了传统传播环境，深刻地影响着数字化阅读服务各个环节的版权问题。全民阅读的实现需求必定要求优秀的文艺作品能够以最迅速、便捷和低成本的方式传递到更多读者那里，以最大限度地实现全民阅读的均等性和便利性。数字化是实现这一目标的最佳途径，但是，如何处理阅读的均等性、便利性与阅读资源知识产权保护之间的关系，是需要立法者予以考量的问题。数字化阅读中的知识产权问题可以归结为以下三类：

其一是阅读终端的侵权。自2008年开始，我国数字化阅读设备便犹如雨后春笋般迅速出现，当时，除去一些有名的品牌产品，市场上还存在部分不知名甚至不正规厂家生产的三无产品。这些三无产品仿制其他产品的商标，或仿制其他外观设计或其他专利技术，产生过知识产权纠纷。

其二是数字化资源传播过程中的知识产权问题。该类问题主要是网络服务商等传播主体未经著作权人许可将作品上传至网络，提供阅读服务，导致著作权人的权益被侵犯，得不到任何收益。许多知名作家都表示自己的作品经常被擅自发布和转载。网络服务商经常因为未经著作权人许可提供在线阅读服务受到著作权人的起诉，如劳婧华诉亚马逊卓越有限公司侵害著作权纠纷案中，法院认定亚马逊未经著作权人许可，在其涉案网站上提供涉案作品的在线阅读服务，侵犯了著作权人的信息网络传播权。如谷歌数字图书馆计划，它需要对所有图书进行扫描，然后才能将图书内容进行在线展示，其中也面临数字版权侵权的相关问题。

其三是移动阅读服务对现有版权法的挑战。例如，《信息网络传播权保护条例》第七条规定："图书馆、档案馆、纪念馆、博物馆、美术馆等可以不经著作权人许可，通过信息网络向本馆馆舍内服务对象提供本馆收藏的合法出版的数字作品和依法为陈列或者保存版本的需要以数字化形式复制的作品，不向其支付报酬，但不得直接或者间接获得经济利益。当事人另有约定的除外。前款规定的为陈列或者保存版本需要以数字化形式复制的作品，应当是已经损毁或者濒临损毁、丢失或者失窃，或者其存储格式已经过时，并且在市场上无法购买或者只能以明显高于标定的价格购买的作品。”从该条规定可以看出，图书馆等馆藏主体的合理使用范围仅限于向本馆馆舍内服务对象提供本馆收藏的合法出版的数字作品和依法为陈列或者保存版本的需要以数字化形式复制的作品，超出该范围即构成侵权。随着数字化阅读平台、移动图书馆的快速发展，相关规定已不适应移动阅读服务的发展需求，不利于图书馆等馆藏主体开展移动阅读服务。此外，由于海量数字阅读资源的快速传播，传统的版权登记和授权模式也已无法适应数字化环境下的版权保护。

第二章
阅读权

阅读权是公民享有的被宪法和法律所保障的以阅读利益为追求的行为自由，其内容主要包括阅读自由选择权、阅读平等权、阅读保障请求权、阅读救济权等。在数字化环境下，阅读权与国家教育权、信息网络传播权总体上保持着一种平衡的状态，但也会发生冲突。阅读权是全民阅读立法的逻辑起点和法理基础，在全民阅读立法中具有重要意义。同时，阅读权也是一项隐性权利，目前大多数国民对它的重要性认识不够。因此，国家要设法唤醒民众对阅读权的权利属性和主体地位的认识，而全民阅读立法正是唤醒国民阅读权利意识和实现全民阅读法制化保障的重要举措。

一、阅读权概述

人权即人作为人应当享有的权利，具体来说，指人的个体或群体在一定社会历史条件下基于一定的经济结构和文化发展，为实现自由生存、活动和发展所必须平等享有的权利。[①]阅读权虽然没有在《世界人权宣言》等世界人权条约中被明确规定，但是从《世界人权宣言》中也可以找出阅读权作为一项基本人权的三个引申点。

首先，阅读权是一种受教育权。《世界人权宣言》第二十六条规定，教育的目的在于充分发展人的个性并加强对人权和基本自由的尊重。教育应促进各国、各种族或各宗教集团间的了解、容忍和友谊，并应促进联合国维

① 参见文正邦：《宪法学教程》，法律出版社2005年版，第135页。

护和平的各项活动。掌握阅读语言和理解语言的基本能力，是未成年人教育的基本内容。人习得任何知识无不依赖两个关键要素，即阅读能力的养成和必要的阅读资源供给。持续的终身的阅读习惯以及自主的有价值的阅读，是成年人提升自身价值的重要渠道，可以促进就业，满足精神需求等。[①]阅读是公民学习和接受教育的基本手段之一，而教育是多维立体的，学校教育只是教育的一个方面。数字信息技术促进教育的第二次革命，让随时、随地的泛在化学习和终身学习成为可能，教育扩展至学校之外，学习成为每个人生活的一部分，阅读成为每个人终身学习的重要途径。因此，阅读能力与学习能力直接相关。

其次，阅读权是一种信息自由权。《世界人权宣言》第十九条规定，人人享有主张和发表意见的自由。此项权利包括持有主张而不受干涉的自由，和通过任何媒介寻求、接受和传播消息和思想的自由。然而，一个人能自由地获取信息、认知信息和表达信息，首先就依赖于他的语言水平和阅读能力。[②]数字时代，数字化不仅是一种技术，更是一种生存方式。公民只有具有一定的获取信息的能力，才能更好地实现政治权利和其他经济、社会权利。

最后，阅读还是一种文化权利。《世界人权宣言》第二十七条规定，人人有权自由参加社会的文化生活，享受艺术，并分享科学进步及其产生的福利。阅读是从文本识读中获取意义的活动，是文化生活的具体表现。文化权利的"可提供性"和"可获得性"在阅读领域集中体现为能够获得图书类文化产品和服务，尤其是能够平等、自由地接受公共文化服务机构的服务。所以，阅读权在一定程度上涵盖了信息权利、图书馆权利、读者权利等权利内容。[③]

1972年联合国教科文组织发布的《图书宪章》第一条明确提出，每个人

① 参见张麒麟:《全民阅读立法研究》，南京大学硕士学位论文，2015年。
② 参见张麒麟:《全民阅读立法研究》，南京大学硕士学位论文，2015年。
③ 参见齐崇文:《论公民阅读权的法律效力》，载《中国文化产业评论》2020年第2期。

都有阅读的权利。社会有责任保证每个人都有机会享有阅读的利益。政府有责任帮助消除文盲现象,鼓励印刷资料的供给,以建立和保持阅读环境。联合国教科文组织发布的《公共图书馆宣言》规定,每一个人都有平等享受公共图书馆服务的权利,而不受年龄、种族、性别、宗教信仰、国籍、语言或社会地位的限制。

从《世界人权宣言》《图书宪章》《公共图书馆宣言》相关内容可以看出,阅读权是每个人都普遍享有的一项权利,而非少数人的特权,符合人权的平等性、广泛性特点。

根据《中华人民共和国宪法》(以下简称《宪法》)的规定,公民基本权利主要包括经济权利、人身权利、参与公共事务的权利和社会文化权利。其中,与阅读权最密切相关的就是文化权利。《宪法》第四十六条规定:"中华人民共和国公民有受教育的权利和义务。国家培养青年、少年、儿童在品德、智力、体质等方面全面发展。"《宪法》第四十七条规定:"中华人民共和国公民有进行科学研究、文学艺术创作和其他文化活动的自由。国家对于从事教育、科学、技术、文学、艺术和其他文化事业的公民的有益于人民的创造性工作,给以鼓励和帮助。"《宪法》第四十六条、四十七条规定了公民的受教育权和文化权,并在第十九条、二十条、二十二条等条款对国家在保障公民受教育权和文化权方面应履行的基本义务做出了规定。阅读作为公民的自我学习途径和社会教育手段,是公民接受教育和从事文化活动的基础。

综上所述,从国际法的角度讲,阅读权属于人权范畴,其权利享有者是人;从国家的角度讲,阅读权属于公民的受教育权和文化权范畴,权利享有者是公民,其属于一项公民基本权利。阅读权作为一项基本人权,与其他基本人权一样,彰显着人类自然属性和社会属性的整体要求。在我国,阅读权是公民享有的被《宪法》所保障的以阅读利益为追求的行为自由,其内容主要包括阅读自由选择权、阅读平等权、阅读保障请求权、阅读救济权等。由于立法不能穷尽文化生活的方方面面，阅读权的内容已分散在《宪法》关于公民文化权利和国家文化义务的规定当中。《宪法》中虽没有明确的“阅读权”概念，但不会影响公民阅读权的实际行使。公民的基本权利分为被《宪法》列举的基本权利和未被列举的基本权利。从基本权利的体系特征来看，阅读权是一项独立的、未被《宪法》列举的权利，它应当作为基本权利受到《宪法》保护。①

二、阅读权的性质

阅读权作为一项基本人权，兼具社会权和自由权的性质。社会权和自由权是现代宪法对基本权利的一种分类，前者又被称为积极权利，后者又被称为消极权利，两者的差异主要表现在以下几点。第一，产生背景不同。自由权是在资产阶级反对封建专制统治，建立自由竞争新社会的社会背景下提出的概念，强调反对国家干涉，对抗国家权力滥用；而社会权是在避免资本主义的制度性弊病，弥补因自由权的高度发展而产生的种种弊端的背景下提出的福利国家观念，要求国家提供使人们能享有体面及有尊严的生活的条件。第二，目的不同。自由权着重保障公民在形式上的平等；而社会权则以社会整体安全和生活和谐为保障目的，要求对社会弱势群体予以关照，以实现社会公平。第三，国家承担的义务不同。自由权要求国家承担尊重和容忍的义务，国家不侵害公民自由权；社会权是一种积极权利，国家负有努力实现特定社会阶层福利的积极作为义务。第四，权利保障的实现效果不同。自由权在实现中原则上无上限，也不附加条件，受到侵害时可以向司法机关请求救济；社会权由于具有受制约性，与国家的经济、社会发展条件密切相关，受到侵害时，请求救济的效果不明确。

① 参见齐崇文：《论公民阅读权的法律效力》，载《中国文化产业评论》2020年第2期。

一方面,阅读权具有社会权的性质。从目的来看,阅读权是为了保障每位公民能平等地享有阅读资源和阅读服务,实现社会文化权利的平等,从而实现社会公平;从国家承担的义务来看,阅读权的实现需要国家履行积极作为的义务,提供阅读资源、阅读场所、阅读活动、阅读教育、阅读服务等保障措施;从权利保障的实现效果来看,阅读权的实现受到经济、社会发展条件的制约。

另一方面,阅读权具有自由权的性质。阅读不仅促进公民个体发展,还具有为国家培养合格公民的作用。从个体发展是社会发展的基础这个意义上讲,个体发展无疑具有基本性。个体为了满足自己的发展需要,理应对自己的阅读内容、阅读时间、阅读形式等享有自主选择权。国家因为公共利益、社会公德和法律等原因可以做一些禁止性规定,但是,其限度应以不损害公民自主选择权为前提。也就是说,公民在阅读中具有基本的自由,这些构成国家不干预或国家干预应有的界限。

三、阅读权的权利结构

法律权利结构是指法律权利由哪些因素构成,以及这些因素是如何有机联系为一体的。通常认为,法律权利必须具备三大要素:利益、权能和自由行为。其中,利益是权利的目标和方向,也是权利行使的动力源泉;权能是权利的基础,是权利行使和实现的基本条件;自由行为作为权利的表现形式,既是权利主体追求利益的手段、方式,又是权能的外化形式。自由行为是权利的核心部分,利益和权能都必须通过权利主体的自由行为来实现。[①]阅读权的权利结构指阅读权由哪些因素构成,这些因素又是如何有机联系为一体的,并使阅读权成为一项独立的权利。本书认为,阅读权由阅读利益、阅读权能、阅读自由行为三个要素构成,其中,阅读利益是阅读

① 参见付子堂:《法理学进阶》,法律出版社2005年版,第34-35页。

权行使的动力源泉，阅读权能是阅读权实现的基础，阅读自由行为是阅读权的表现形式。

（一）阅读利益是阅读权行使的动力源泉

权利主体所行使的任何权利背后，都隐藏着某种利益追求，而利益包括物质利益和非物质利益。从表面上看，权利主体行使的是某项权利，其实背后都隐藏着某种利益因素。阅读利益是指阅读对个人以及社会所具有的价值和意义。很久以来，人们都将阅读看作个体行为，认为阅读是个人的事情。由于阅读行为的正外部性特征，阅读不仅仅关涉个人利益，还与社会、国家、民族利益息息相关。我们不能从功利的角度认为，阅读有利益我们才倡导阅读，相反，“全民阅读应该回归其最本质的意义——让更多的人读书和享受到阅读的乐趣”①。曾祥芹先生曾将阅读的本质概括为：阅读是物质过程与精神过程的统一，是心理活动和生理活动的统一；阅读是书面文化的精神消费，是人类素质的生产过程。中国阅读学将阅读的价值概括为两大方面：其一，阅读对个人求知、开智、立德、审美、养身大有益处，使个人从德智体各方面完善自我，对整个社会的精神文明建设发挥着巨大的作用；其二，阅读是学习之母，阅读是教育之本，阅读是生产之力，阅读是治国之术和强民之法。②阅读的价值和利益主要体现在以下两个方面。

1. 阅读促进个人发展

阅读促进个人发展，主要表现在两个方面。一方面，通过阅读，获取知识和信息。书籍是人类知识、智慧的宝库。通过阅读，我们可获得非由自己亲自实践而得到的间接知识，拓展知识源。正如马歇尔·麦克卢汉所说的媒介即人体的延伸，阅读可以让人穿越时光隧道，与古人对话，与后人论

① 聂震宁：《国民阅读的状况与全民阅读的意义》，载《现代出版》2015年第1期。

② 参见梁春芳：《推进阅读行动 加快知识创新——中国阅读学会第九届年会综述》，载《中国出版》2006年第6期。

道。专家认为，一个人的知识，从直接经验中获得的不足20%，而通过阅读从间接经验中获得的却在80%以上。阅读在获取和拓展知识上的作用，是阅读的根本价值所在。[①]此外，阅读作为获取信息的最直接、最有效方式，人通过阅读不仅能获取实时有效的信息资源，而且能提升运用信息的能力。[②]另一方面，阅读能陶冶情操，塑造人格。著名教育家朱永新曾意味深长地发问：人的心灵是如何发育的？人的精神是如何成长的？他认为一个人的精神发育史就是他的阅读史。事实证明，精神的“食粮”就是书籍，而精神发育最重要的能源就是阅读。人类伟大的智慧、伟大的思想都没有办法从父母那里通过基因拷贝、遗传，而是深藏在那些最伟大的书籍之中。[③]英国作家威廉·萨默塞特·毛姆曾经说过，在阅读的时候，哲人的思想涤荡着我们的灵魂，在知识和智慧的指引下，我们更容易识别美与丑、善与恶，我们的生命也因此一次又一次向前拓展。英国哲学家弗朗西斯·培根也说过，读书塑造人格。在阅读的过程中，孩子认识真善美、假恶丑，受到思想、意志、性格、理想和兴趣等各方面的影响。孩了不喜欢训诫和说教，但图书中的艺术形象有着巨大的魅力，会深深地打动他们，使他们受到潜移默化的感染和教育。这个过程提高了他们分辨是非、美丑的能力，也有助于他们良好意志品质的形成。[④]

2.阅读是一个国家竞争力中最重要的精神力量

国际阅读协会曾做过一个报告，称“阅读能力的高低直接影响到一个国家和民族的未来”。阅读对社会的价值和意义主要包括促进经济发展、推动文化传承、提升政治文明等。

---

① 参见曾祥芹、韩雪屏：《阅读学原理》，大象出版社1992年版，第299页。

② 参见卢锋：《阅读的价值、危机与出路——新教育实验“营造书香校园”的哲学思考》，苏州大学博士学位论文，2013年。

③ 参见朱永新：《我的阅读观》，中国人民大学出版社2012年版，第30页。

④ 参见怀特海智慧教育研究中心课题编委会：《阅读是最好的教育》，石油工业出版社2009年版，第7-8页。

首先，知识经济时代，知识和人才已成为各国经济发展的最核心竞争力。人才的成长靠教育，而教育的最基本手段就是阅读。柳斌杰先生曾说，阅读直接关系到社会生产力的发展和人的素质的高低。因此，只有大力倡导阅读，提高国民的阅读和教育文化水平，才能提升国民的整体素质并促进经济社会的发展。其次，阅读推动文化传承。党的十九大报告指出："文化是一个国家、一个民族的灵魂。文化兴国运兴，文化强民族强。""中国特色社会主义文化，源自于中华民族五千多年文明历史所孕育的中华优秀传统文化。"优秀传统文化是人们在长期历史发展过程中所积淀起来，并且渗透于民族整体意识和行为之中，世代相传的最具生命活力和价值的东西。而阅读是实现文化传承的重要途径，每个民族、每一个时代精神的精华，人类最美好的创造都汇集于经典名著之中，人类精神文明的成果，就是通过各类经典名著而世代相传的。[①]因此，从文化学的角度来看，阅读让人们接受优秀传统文化的养育与熏陶，提升自己的生命品质，让人类文化生生不息，代代相传。最后，阅读提升政治文明。公民的政治素质是推动政治文明的内在因素，而公民的政治素质又与公民的阅读和文化水平密切相关。因此，公民的整体阅读水平是促进一个国家实现民主的重要因素。

（二）阅读权能是阅读权实现的基础

权能是权利主体行使权利的资格和能力，分为权利能力和行为能力。权利能力又称权利资格，是权利主体行使权利的前提条件。行为能力指权利主体以自己的行为独立参与法律关系，取得法律权利或承担法律义务的能力。阅读权能是阅读权主体行使其权利的基础和前提，分为阅读权利能力和阅读行为能力。

① 参见朱永新：《我的阅读观》，中国人民大学出版社2012年版，第73页。

1.阅读权利能力

阅读权利能力是指公民依法享有的阅读资格，是公民行使阅读权的前提条件。一方面，从国际法角度看，因此，阅读权来源于《世界人权宣言》等国际公约，属于人的基本权利之一。按照自然法的思想，人的基本权利是与生俱来的，具有固有性、普遍性、平等性等特征，因此，阅读权的享有主体是所有人。另一方面，从国家和宪法的角度而言，享有阅读权的主体应是国家的公民。根据我国《宪法》的规定，国家保护公民的受教育权和文化权，公民在法律面前一律平等，因此，公民的阅读权利能力一律平等。

2.阅读行为能力

阅读行为能力是指公民独立参与阅读法律关系，取得相关权利或承担相关义务的能力。阅读行为能力受年龄、文化程度等综合因素的影响。根据《中华人民共和国民法典》①中公民行为能力之规定，结合《中华人民共和国教育法》②《中华人民共和国义务教育法》③关于适龄儿童的法律概念之规定，本书认为16周岁以下的公民应属于阅读权的限制行为能力人，可以进行与其年龄、智力、兴趣等相应的选择，家长、学校、社会应予以充分尊重，但家长、学校和社会也有指导的权利和义务。16周岁（含16周岁）以上的公民属于阅读权的完全行为能力人，享有阅读的自主选择权和决定权。但由于智力、教育程度等因素而不能独立进行阅读相关行为的判断和选择的，属于阅读权的限制行为能力人。对阅读权限制行为能力人群，国家应履行重点保障义务。从各国立法经验来看，未成年人和某些特殊群体都是立法的重点保障对象。

---

① 以下简称《民法典》。

② 以下简称《教育法》。

③ 以下简称《义务教育法》。

(三)阅读自由行为是阅读权的表现形状

自由行为是指权利主体根据法律规定自由地选择自己的行为。根据法律的规定,权利主体既可以做出某种行为,也可以不做出或放弃某种行为;既可以要求他人为自己做出某种行为,也可以要求他们不做出某种行为;可以做出请求国家机关保护自己合法权利的行为。[①]阅读自由行为作为阅读权的表现形式,是阅读权利主体实现阅读利益的手段和方式,是阅读权能的外化或对象化的形式,其主要包含以下几个方面的内容。

1.阅读自由选择权

自由是人生存和发展的基础。约翰·密尔在《论自由》中从四个方面对人为什么需要自由做了论证。从个人伦理的角度,他认为个人是自己利益的最佳关心者、判断者和决定者,个人应该自由决定其生活规划,以追求个性化发展和幸福。英国哲学家以赛亚·伯林提出自由分为消极自由和积极自由。他认为,自由包含不受他人干涉的"消极自由"(免于……的自由)和成为某人自己的主人的"积极自由"(去做……的自由)两种含义。

阅读自由选择权指公民享有的自主决定阅读的内容、时间、地点、形式以及参与阅读活动、使用阅读设施、接受阅读教育与服务等的权利。阅读自由选择权属于消极权利,国家只要充分履行尊重义务即可实现。我国《宪法》第四十七条对公民进行科学研究、文学艺术创作和其他文化活动的自由进行了特别规定,阅读自由选择权是公民文化自由权的具体体现。阅读自由选择权不仅包括阅读各阶段的自由,即阅读前寻求信息和思想的自由、阅读中接受信息和思想的自由、阅读后传递信息和思想的自由,还包括阅读形式的自由,即口头的、书写的、印刷的或选择的任何其他媒介。[②]读

① 参见付子堂:《法理学进阶》,法律出版社2005年版,第35页。
② 参见高俊宽:《图书馆与公民阅读权》,载《图书馆》2012第1期。

者是文本意义的读解者、重组者或重建者、实现者及评判者。[①]读者有权根据自己的兴趣爱好选择阅读对象。然而,历史上对阅读进行干预的事件曾多次发生,且对历史文化的发展造成了不良影响。所以,阅读自由选择权是公民实现阅读权和社会文化权的基础。

2. 阅读平等权

在传播技术落后的时代,读书和学习对普通民众来说是一种奢侈的行为,阅读成为少数人的特权。长期以来,阅读总体上停留在精英层面,没有形成全民阅读的良好氛围。精英化阅读不仅对普通民众的生存和发展造成障碍,也妨碍国家和民族的发展。如今,在我国建设学习型社会背景下,阅读权成为我国公民的一项基本文化权利。

阅读平等权主要包含三个方面的含义。首先,它是人权的平等体现。如前所述,阅读权是每个人都应享有的一项基本人权。其次,它是阅读机会平等的体现。阅读平等是形式平等,而不是实质平等。阅读平等并不是要求每个人拥有的阅读资源或阅读的内容、数量等都完全一样,而是要求国家和社会提供平等的阅读机会,包括但不限于阅读资源、阅读场所、阅读教育、阅读活动、阅读服务等的供给,让每个人具有阅读的能力和条件。最后,它是对阅读特殊群体的扶持。平等是阅读权的基本价值之一,当外部条件有碍公民阅读平等权的实现时,阅读资源、阅读教育、阅读服务等应向特殊群体倾斜,以达到社会公平的结果。从全民阅读立法现状来看,对未成年人等特殊群体的重点保障正是立法的重点内容。

3. 阅读保障请求权

阅读保障请求权指公民享有的依法请求国家及相关主体采取一定措施保障自己阅读利益得以实现的权利。阅读权是公民享有的一项基本人权,公民享有政府、社会、学校、家庭等主体提供的阅读帮助,包括获得阅读

① 参见于鸣镝:《读者与文本》,载《图书情报工作》2002年第4期。

资源、使用阅读设施、参与阅读活动、享有阅读教育和服务等内容。然而，公民要实现和享有阅读权益，仅靠自己的力量是不够的，需要政府和其他社会主体在不同阶段提供不同的帮助和服务，因此，公民享有请求相关主体采取一定措施以实现自身阅读利益的权利。由于阅读权具有社会权的性质，因此，阅读保障请求权主要是指请求政府及相关主体履行积极的作为义务。

4.阅读救济权

“无救济则无权利”，这一古老的法律谚语说明了权利救济对法定权利转变为现实权利的重要意义。

管理型立法强调权利、义务与责任的对应，即权利的享受以承担义务为条件，不履行义务就要承担相应的法律责任。促进型立法虽然也强调政府对国家事务的管理与参与，但不像管理型立法那样强调权利、义务与责任的对应，在设范模式上常采用大量的任意性规范、授权性规范和鼓励性规范，只有少数为义务性规范。促进型立法在义务责任的明确上也表现出新的特征，它改变了传统立法单纯强调或者突出法律义务与责任的传统，代之以责任的综合化与法律责任相对弱化。①因此，阅读救济权的实现效果与全民阅读立法设范模式以及法律责任的设定具有密切联系。

权利救济分为直接救济和间接救济，阅读救济权也可以分为直接救济和间接救济。通常来说，阅读权主体通过投诉、申诉、行政复议、诉讼等手段维护自己的权益属于直接救济。国家通过追究行政机关及其工作人员的行政责任，甚至追究相关主体的刑事责任以救济受损权益属于间接救济。由于阅读权属于社会权，社会权的特点就是其实现效果与国家的经济、社会、文化发展条件密切相关，所以，阅读救济权是随着国家的经济、社会、文化发展而逐步变化的。

① 参见李艳芳：《“促进型立法”研究》，载《法学评论》2005年第3期。

四、数字化环境下阅读权与国家教育权的对立与统一

1.国家教育权内涵

国家教育权是由政府代表国家行使的，以国家教育权力系统为重要载体，依法决定教育资源的分配、教育活动的开展以及教育的目标和方向等。[①]国家教育权的实施主要有两种方式：一是对教育事务的行政管理，包括发布教育政策、制定课程体系和考试体系等；二是设立教育机构为国家的教育目标服务，这些机构包括公立学校及其他教育性机构，如图书馆、大众媒体、博物馆等。

W·阿普尔在《国家与知识政治》中提出，理解教育与权力复杂关系的关键途径就是考察知识政治，其中教育领域能够被回答的最重要的问题是由斯宾塞在多年前提出来的“什么知识最有价值”。在阿普尔所关注的文化与权力关系的诸多著作中，他把这个问题改写成“谁的知识最有价值”，无论人们喜欢与否，谈论课程就是谈论权力。国家无疑控制着官方的知识政治。国家不仅控制着学校的知识，而且控制着更大范围的社会生活的知识。[②]通常来说，一个社会如何选择、分类、分配、传递和评价它认为具有公共性的知识，反映了权力的分配和社会控制的原则。在教育中，国家权力对知识进行规范化的选择，强化了知识对人的精神心智的培育作用。[③]

2.数字化环境下阅读权与国家教育权的对立与统一

传统纸质出版环境下，国家对知识进行规范化选择比较容易，主要对出版物等进行行政管理。在我国，图书出版实行的是审批制，比如，图书出版要经历选题审读、选题申报、书号审批、书稿编校等程序，中小学教科书进学校还要经过更加严格的出版和发行审批。如《出版管理条例》第三十条

① 参见李祥：《试论成人教育中的国家教育权》，载《职教论坛》2013年第12期。

② 参见[美]W·阿普尔，等：《国家与知识政治》，黄忠敬、刘世清、王琴，译，华东师范大学出版社2007年版，第6-8页。

③ 参见金生鈜：《论教育权力》，载《北京大学教育评论》2005年第2期。

规定:“中学小学教科书由国务院教育行政主管部门审定;其出版、发行单位应当具有适应教科书出版、发行业务需要的资金、组织机构和人员等条件,并取得国务院出版行政主管部门批准的教科书出版、发行资质。纳入政府采购范围的中学小学教科书,其发行单位按照《中华人民共和国政府采购法》的有关规定确定。其他任何单位或者个人不得从事中学小学教科书的出版、发行业务。”因此,在传统纸质出版环境下,国家教育权的行使受传播技术的影响不大,阅读权与国家教育权在一定范围内保持着平衡。

在数字化环境下,出版的内涵正在发生变化。就表达与创作方式来说,实现了从作者中心向读者中心的转变;就出版模式来说,实现了从“它出版”到“自出版”的转变。美国著名媒介理论家保罗·莱文森认为,信息及技术的发展总体上是对人的解放,增加人的选择。一方面,交互技术让阅读与写作更加融为一体,通过网络在线评论与互动,实现了作者与读者以及读者与读者之间的交流互动。另一方面,拥有及时发表特征的媒介技术更是严重影响着传统的出版传播模式,自媒体环境中,个人不需要经过出版单位就可以自己发表作品,且传播速度更快,影响更大,如微博、微信、博客等,个人可以随时发表自己的所见所闻、观点和作品。

当前,移动互联、云计算、大数据等信息技术正逐渐改变我们的学习、教育环境。大量免费视频公开课以及在线教育资源的跨国界共享,使教育文化安全成为重点关注对象。按照阿普尔的观点,教科书是各种政治、经济和文化因素相互作用的结果,具有意识形态性。如前所述,传统教材的出版和发行要经过严格的审批程序,而在数字化学习环境下,传统教科书正逐步向课程资源转变,教科书和教辅的界限逐步模糊,数字化资源也更容易被学生接触和获得。外国一些教育机构在互联网上发布的教学资源(教科书与教辅的结合体),也可以不经过任何审核程序直接被我国学生接触和学习,教育文化安全在一定程度上受到影响。

随着信息全球化发展和国际文化冲突加剧，国家教育权本身处于被弱化和被加强的矛盾发展中。一方面，知识更新的加速和虚拟社团流动的加快，导致社会利益群体的多元化和激烈分化，使人们对教育的需求更加多元化，国家权威知识中心开始受到挑战。另一方面，随着国际文化冲突加剧，文化安全和信息安全更受重视，国家进一步加强权威知识、信息的发布和传播，加强对教育平台的管理，加强对教育资格的审核，加强对学校教育信息安全的监管。①

阅读权作为公民的一项文化权利，阅读自由是权利的核心，包括阅读内容、阅读场所、阅读方式、阅读时间等方面的选择自由。按照消极权利的观点，国家必须履行尊重的义务，不得干涉公民在法律限度内的阅读自由。这时，阅读权与国家教育权在一定程度上是对立的，阅读权排斥国家教育权的任意干涉；另一方面，阅读权作为公民受教育权的组成部分，依赖于国家提供受教育的基础条件，包括提供学校教育的教材和教辅资料、其他阅读资源、阅读设施、阅读教育服务等，这时，阅读权与国家教育权是统一的。

数字化环境下，阅读权与国家教育权冲突的核心在于国家对阅读资源的控制，而与国家教育权的其他方面并不矛盾。因此，数字化环境下，阅读权与国家教育权总体上保持着一种平衡。随着国际文化竞争和冲突的加剧，国家应加强网络阅读资源的监管，净化网络阅读环境，提升国民数字化阅读素养，保障国家教育和文化安全。

五、数字化环境下阅读权与信息网络传播权的冲突与平衡

1.信息网络传播权概述

信息网络传播权，即以有线或者无线网络方式向公众提供作品，使公众

① 参见劳凯声：《变革社会中的教育权与受教育权：教育法学基本问题研究》，教育科学出版社2003年版，第172-175页。

可以在个人选定的时间和地点获得作品的权利。信息网络传播权是数字时代的典型著作权,法律设立信息网络传播权的目的是鼓励知识创新。早期,在关于信息网络传播权是否应该获得著作权法保护的争论中,支持方主张作品在网络环境中的传播和使用可以获得收益,而这一收益理应归于著作权人,因为著作权人享有使用作品并获得报酬的权利,如果不予以保护,则著作权人的利益将受到极大的损害。而反对方的理由则包括支持网站的发展和新商业模式的培养以及保障社会公众的阅读权等。《中华人民共和国著作权法》[①]2001年第一次修订时,首次规定了信息网络传播权。为更好地执行《著作权法》的规定,国务院于2006年颁发了《信息网络传播权保护条例》,对信息网络传播权的保护进行了扩张性解释,并规定了权利人可以使用技术措施的权利。2013年,国务院对《信息网络传播权保护条例》进行了修订,修订后的《信息网络传播权保护条例》第二条规定:"权利人享有的信息网络传播权受著作权法和本条例保护。除法律、行政法规另有规定的外,任何组织或者个人将他人的作品、表演、录音录像制品通过信息网络向公众提供,应当取得权利人许可,并支付报酬。"显然,构成网络传播行为必须符合两个要件。其一是"以有线或者无线网络方式向公众提供作品"。正如只要书店将书籍放上书架供消费者选购就构成"发行行为",无论消费者是否购买、下载或浏览,只要将作品"上传"至网络服务器中供购买、下载或浏览,就构成对作品的"提供"。其二是行为的后果是"使公众可以在其个人选定的时间和地点获得作品"。这种行为必须是交互式传播,使公众能够以点对点的方式按需点播作品,这是网络传播行为的本质特征。[②]

① 以下简称《著作权法》。

② 参见王迁:《谁在侵犯"信息网络传播权"?》,载《检察风云》2007年第3期。

2. 阅读权与信息网络传播权的冲突

数字时代，数字信息技术催生了阅读方式的变革，促进了阅读的均等化与便利化，同时，也促使数字资源版权人权利扩张。在这种背景下，公众获取阅读资源的权利与阅读资源版权人的信息网络传播权在一定程度上产生了冲突。冲突的实质就是一种代表版权的个人利益与代表受教育权、文化权的公共利益的冲突。

关于版权的经典名言“无传播则无权利”，揭示了技术发展对版权发展的重要推动作用。版权发展的历史就是一部随着技术的变革，版权人利益不断扩张的历史。目前的版权保护中，“法律+合同+技术措施”的模式将版权人的利益保护推到了极致。针对这种发展趋势，出现了两种针锋相对的观点。一方认为应继续加强版权保护力度，禁止合理使用等传统限制版权的原则应用于技术措施；另一方则认为，版权的扩张违反了人类自由交流、知识共享的天性，是对公共领域的践踏，必须加以遏制。[①]

随着网络技术的发展和数字化进程的加快，从模拟技术到数字技术，传统的复制权理论在网络环境中的适用发生了显著变化。临时复制[②]成为世界范围内有关复制权讨论的焦点。因为如果临时复制应该受版权人控制，那么在网络环境下公众的阅读、收听、观看等行为就会完全纳入版权人的控制之下。另外，众所周知，在数字技术条件下，复制和传输的低成本以及私密性使作品的版权更容易受到侵犯。在这种条件下，版权法的保护作用显得力不从心。20世纪80年代曾有版权人惊呼：“当我查不出是否有人，以及在什么时间、什么地点制造复印品时，阻止他们复制我作品的法律还有什么作用呢？”于是，就有了后来的版权法所规定的权利人使用技术措施的权利。在互联网条约的影响之下，技术措施在各国版权法中取得了举足轻

① 参见易健雄：《技术发展与版权扩张》，法律出版社2009年版，第3-4页。

② 临时复制，也称暂时复制，是指在浏览网页的过程中，计算机内部的随机储存器（RAM）会自动出现复制件以供中央处理器（CPU）运算，但最终因关机、重启、后续信息挤兑等原因消失于随机储存器。

重的地位，似乎成了版权人控制公众利用作品的“法宝”。[①]在版权利益的扩张中，公共领域被极大压缩，公众接触作品的权利都受制于版权人。技术的发展本来可使人们获取阅读资源更加方便，但是，版权人利用技术措施与法律的组合手段，重新控制了原本自由的数字环境，从而导致人们获取阅读资源和信息的自由被限制，公共利益的空间被压缩。在这样的背景之下，就产生了代表受教育权的公共利益与代表版权的个人利益的冲突。

3.阅读权与信息网络传播权的平衡

数字时代，利用数字化阅读平台等信息技术促进阅读资源的传播，特别是利用移动阅读的便利性促进边远贫困山区、少数民族地区的民众获取阅读资源具有较大优势。然而，数字化阅读资源在网络上的传播会落入著作权人信息网络传播权的控制范围。信息网络传播权是私权，也是绝对权。[②]在数字化环境下，著作权人是信息网络传播权的主体，而广大的读者则是权利的相对方，即义务主体。在这样的情况下，如何平衡代表读者一方的公共利益与代表版权一方的私人利益，是影响公民阅读权能否充分实现的重要因素。

其一，从知识产品的公共性来看，信息网络传播权受保护的法理依据在于著作权人的创造性智力劳动，而任何创造性智力劳动都必须吸收、借鉴前人的成果，知识产品的公共性决定了由信息网络权利人垄断知识成果是不正当的。“无传播则无权利”的另外一层意思则表达了传播对权利人和社会的重要作用。手抄写时代由于没有便利的传播手段，著作权也无从谈起。一项知识成果也只有经过不断传播和共享，其他人才能在此基础上创造出新的有价值的知识，才能给整个社会带来财富的增长。

---

① 参见易健雄:《技术发展与版权扩张》，法律出版社2009年版，第184页。

② 所谓绝对权，也称对世权，指针对一切人产生效力的权利，绝对权支配性较强，人格权、所有权等权利是典型的绝对权。与之对应的是相对权，又称对人权，指义务主体特定的权利，必须通过义务主体的作为才能实现。债权是典型的相对权。

其二,从权利属性来看,阅读是学习和受教育的基础,是受教育权的组成部分。只有更多的人通过阅读提升了科学文化素质,才能创造出更多有用的科技成果,促进社会的进步和发展。阅读权也是表现自由和信息自由的基础,《世界人权宣言》提出了人人享有通过任何媒介和不论国界寻求、接受和传播信息、思想的自由。阅读是寻求、接受和传播信息和思想的基本手段。从法律性质上看,表现自由属于一种政治权利,著作权属于一种财产权利,当二者发生冲突时,表现自由优于经济自由的原则在各国宪法理论与实践中都得到承认。著作权的独占性质不应构成思想表现和信息交流的障碍。于是,各国著作权都为满足教育、文化等公共利益的需要而设立了合理使用、法定许可等限制制度,以平衡二者之间的利益。

其三,从全民阅读与著作权保护的关系来看。全民阅读是为了提升国民素质和增强国家文化软实力;著作权保护的根本在于保护作者对其依法创作的作品的权利。其实质是为了保护作者创作的积极性,提升文化生产力,因此,从宏观上讲,二者都是为了推动社会文化建设和促进人类文明传承,二者具有同一性、协同性。①

综上所述,虽然阅读权与信息网络传播权在网络环境下产生了一定冲突,但二者总体上保持着平衡的状态。随着数字化阅读趋势越来越明显,数字化阅读权保护制度应主动适应数字信息技术的发展,维持阅读权与信息网络传播权的动态平衡。

---

① 参见蔡晓宇:《版权保护与全民阅读的协同建设研究》,载《出版广角》2015年第12期。

第三章
全民阅读立法的理论借鉴

我国的全民阅读立法研究刚刚起步，又处在教育学、传播学、图书情报学、法学等学科的交叉领域，学界对其缺乏系统深入研究。思想是行动的先导，理论是实践的指南。立法理论为立法实践提供理论思想和科学指导。本书借鉴和引入协同治理理论、公共文化服务理论和促进型立法理论，丰富全民阅读立法的理论思想，为全民阅读立法提供理论借鉴。

一、协同治理理论

自党的十八届三中全会明确提出“社会治理”以来，探寻适合中国改革发展实际的治理理论以及善治良政的实现途径迅速成为热点话题。在传统政府的“独管”和“独办”模式下，政府在处理公共生活中的复杂问题时显得力不从心，特别是解决公共消费需求全面快速增长与公共产品短缺这一转型期突出矛盾时，效果并不尽如人意，从而导致人的自身发展受到限制和约束，阻碍了公共利益的进一步实现。为了让公共服务的均等化和有效供给等与人发展相关的迫切需求相适应，我国学者开始寻求应用于政府改革中的新的理论工具，以使更多的利益相关者参与到公共事务治理中来，通过参与主体之间、政府各部门之间的协同合作来建立行之有效的治理模式，以期成为政府转型的“突破口”。[①]2013年党的十八届三中全会提出“推

① 参见孙萍、闫亭豫：《我国协同治理理论研究述评》，载《理论月刊》2013年第3期。

进国家治理体系和治理能力现代化”这个重大命题。2017年,党的十九大报告提出,“明确全面深化改革总目标是完善和发展中国特色社会主义制度、推进国家治理体系和治理能力现代化”。协同治理不仅仅是社会治理的手段,也属于当前我国“推进国家治理体系和治理能力现代化”的范畴。

协同治理理论是一种新兴理论,它是自然科学中的协同论和社会科学中的治理理论的交叉理论。协同治理理论具有丰富的内涵,包括治理主体的多元性、治理方式的多样性、子系统的协作性、系统的动态性、自组织的协调性、社会秩序的稳定性等诸多内容。协同治理是在治理理论的基础上强调合作治理的协同性,指的是处于同一治理网格中的多元主体间通过协调合作,形成彼此啮合、相互依存、共同行动、共担风险的局面,产生有序的治理结构,以促进公共利益的实现。① 协同治理理论主要包含以下几个方面的内容。

第一,治理主体的多元性。可以说,协同治理的前提就是治理主体的多元性。这些治理主体,不仅指政府组织,还包括民间组织、企业、家庭以及公民个人在内的社会组织和行为体,其都可以参与社会公共事务治理。由于这些组织和行为体具有不同的价值判断和利益需求,也拥有不同的社会资源,在社会系统中,他们保持着竞争与合作的关系。②从各治理主体在治理体系中的地位来看,政府仍应是治理的主导力量,其他主体的参与是政府治理的有益补充。政府与社会组织之间的关系是治理主体关系的核心。就我国目前情况来看,单纯依赖政府的社会管理模式已完全不能满足现实的需要,而社会组织又面临培育发展不足和规范管理不够的双重问题。因此,政府对社会组织应做到积极培育与依法监管相平衡,为各类社会组织提供公平准入的机会。③

---

① 参见张仲涛、周蓉:《我国协同治理理论研究现状与展望》,载《社会治理》2016年第3期。

② 参见李汉卿:《协同治理理论探析》,载《理论月刊》2014年第1期。

③ 参见徐嫣、宋世明:《协同治理理论在中国的具体适用研究》,载《天津社会科学》2016年第2期。

第二，治理方式的多样性。协同治理是对公共管理模式的一种概括和提炼，不同国家因社会制度、政治体制、发展阶段、社会组织成长情况不同，而采取的治理模式也有所不同。在不同的领域协同治理的运行方式和运行机制也会有所差异。依据主体间协同参与的程度不同，运行方式可以分为协商、协调、协作、协同四种方式。在不同事项上，各主体可通过民主协商、沟通协调、配合协作、协同增效等方式实现治理的目标。例如，在公共服务领域，企业、社会组织和公民可以通过拾遗补阙、服务替代、协同增效等方式与政府配合协作，实现公共服务的最优化。[①]

第三，治理机制的协调性。协同治理离不开有效互动、协同合作的运作机制。治理机制的协调性可以防止治理体系无序化，激发主体的协同效应。由于社会系统的复杂性、动态性和多样性，协同治理理论寻求各子系统和各自组织间在目标和手段上的协同，进而发挥系统的最大功效。[②]应以政府主导机制、责任分担机制、合作动力机制、运行保障机制、平等协商机制、集体行动机制、利益平衡机制、信息共享机制、监督评估机制等九大机制，构建起较为完整的社会协同治理机制框架。健全协同治理的机制应当从三个方面着手：一是治理主体的自身的建设，包括政府职能的转变与社会组织的完善；二是治理主体的责任机制的建立；三是多主体联动体系的建设，包括加强信息化建设，组织网络的衔接以及工作制度的衔接。

协同治理理论主要应用于国家事务管理、社会事务管理和公共服务供给三大领域。在公共服务领域推进协同治理，不仅减轻了政府的负担，有利于政府职能的转变，也极大调动了社会力量的积极性，丰富了公共服务产品，提高了公共服务的质量和效率，提高了社会管理成效。[③]如《公共文

① 参见徐嫣、宋世明：《协同治理理论在中国的具体适用研究》，载《天津社会科学》2016年第2期。
② 参见李汉卿：《协同治理理论探析》，载《理论月刊》2014年第1期。
③ 参见徐嫣、宋世明：《协同治理理论在中国的具体适用研究》，载《天津社会科学》2016年第2期。

化服务保障法》第四十九条规定："国家采取政府购买服务等措施，支持公民、法人和其他组织参与提供公共文化服务。"政府购买社会公共服务，就是协同治理在公共文化服务领域的运用。协同治理已经成为一种提供公共产品和公共服务的关键制度形式。我国公共服务供给机制协同治理的实现路径是：强化公共服务导向的协同治理理念，引入市场竞争机制的协同治理方式，培育社会自治力量的协同治理组织，确立政府与社会的良性互动的协同治理体系。[①]

二、公共文化服务理论

文化是人类思想的集体表达，它不仅意味着人类的理想、精神以及目的通过文化产品得以体现，而且必须获得集体、社会以及传统的认同才能获得持久的生命力。因此，从本质上说，文化具有"社会交往意义上的公共性"。彻底的"公共性"文化必须依赖"对公众基本文化权利的普遍承认和确立"。[②]根据《公共文化服务保障法》第二条的规定，公共文化服务指由政府主导、社会力量参与，以满足公民基本文化需求为主要目的而提供的公共文化设施、文化产品、文化活动以及其他相关服务。从该条对公共文化服务概念的界定可以看出，政府在公共文化服务中起着主导作用，是义务主体；社会力量是公共文化服务的参与者；公民是公共文化服务的对象，是权利主体。公共文化服务的目的是满足作为权利主体的公民的基本文化需求。

公民公共文化意识的觉醒和公共文化需求的发展，是社会发展的必然结果。公共文化服务作为文化建设的有机组成部分，在积累、传承、创新、发展民族文化，提高全民族的思想道德和科学文化素质方面具有重要作

① 参见张仲涛、周蓉：《我国协同治理理论研究现状与展望》，载《社会治理》2016年第3期。
② 参见曹爱军：《公共文化服务：理论蕴涵与价值取向》，载《湖北社会科学》2009年第6期。

用。各国政府为了提高公民的文化素质,从源头上激活公民的文化创造力,纷纷出台各种文化政策,努力打造文化市场体系和公共信息平台,着重兴办公立教育,构建公共图书馆等公共文化机构,以体现社会正义。公共文化服务理论主要包含以下三个方面的内容。

第一,公共文化服务机制。政府在公共文化服务中起主导作用,但如何建立公共文化服务机制,不同国家有不同的建构形式。公共文化服务的管理机制,其实质是公共权力的配置与使用以及公共文化资源的配置与使用。因此,治理结构是公共文化服务体系建立与完善的关键性制度安排。①治理的目的是在各种不同的制度关系中运用权力去引导、控制和规范公民的各种活动,以最大限度地增进公共利益。公共文化作为国家提供的公共产品的一部分,其范式与该国的行政管理方式密切相关。西方公共文化服务的管理体制主要经历了"自由放任阶段""现代管理体系阶段""公共文化服务转型阶段"三个阶段。②自由放任阶段采取的是古典范式,即奉行"管得越少的政府就是最好的政府"的原则,所以,该阶段公共文化服务处于自发状态;现代管理体系阶段受"国家干预主义理论"影响,采取的是"福利国家"范式;公共文化服务转型阶段的主要特征是政府从管理本位向服务本位转变,强调社会力量的参与,以公民文化权为逻辑起点和最终归宿。

经济学认为,市场存在失灵现象,那些不能进行竞争性和排他性消费的产品,以及由于外部性或自然垄断等原因而市场不能进行充分提供的产品,是公共产品,应该以有别于市场机制的方式予以提供,如气象、水利、义务教育等。③同时,政府也有失灵的时候。鉴于公共文化服务的特殊性质,

① 参见曹爱军:《公共文化服务:理论蕴涵与价值取向》,载《湖北社会科学》2009年第6期。
② 参见李少惠、余君萍:《西方公共文化服务体系综述及其启示》,载《图书馆理论与实践》2012年第3期。
③ 参见张晓明、李河:《公共文化服务:理论和实践含义的探索》,载《出版发行研究》2008第3期。

世界上市场经济发达国家越来越对其采取“消极干预”的方式，其公共文化服务运作模式表现为：社会能自发形成需求，并通过市场（也包括非营利机构）加以满足的，政府就不干预；当前述目标不能得到实现时，能间接干预就不直接干预；非干预不可时，能委托专业团队操作的，就不直接操作；一定要委托专业团队时，也通过市场竞争机制进行遴选，如此等等。在这种制度安排下，公共财政发挥出最大效益。①

第二，公共文化服务性质。学者李景源、陈威认为公共文化服务应具有公有性、公益性、公平性、便利性、多样性、基本性、公共参与性七大特征。我国《公共文化服务保障法》第四条规定，应按照公益性、基本性、均等性、便利性的要求提供公共文化服务，提高公共文化服务效能。公益性是指公共文化服务以普遍实现公民文化权益为准则，追求的是社会效益的最大化，体现的是国家和社会的公共利益。因此，在公共文化服务体系中，要处理好公共文化服务与非公共文化服务、文化事业发展和文化产业发展之间的关系，并使它们之间形成互促共赢的发展新格局。②基本性指政府仅能提供满足最低需求的公共文化服务，而不是统管各种层次的文化服务，其他更高层次的文化需求可以交由市场去解决。均等性是追求公民文化自由选择的平等，即让全体公民无差别地享受公共文化服务，是保障公民文化权的平等，但平等不是平均，也不是吃大锅饭。便利性指人们能更方便、快捷地享受公共文化服务，公共文化服务要深入到人们的日常生活和生产之中，并与人们的日常生活和生产有机结合起来。③

第三，公共文化服务价值指向。学者曹爱军认为，通过公共文化服务，实现公民的文化权益，是一个全民的文化自省、文化自觉的过程，是中国特

① 参见张晓明、李河：《公共文化服务：理论和实践含义的探索》，载《出版发行研究》2008第3期。
② 参见吴理财：《公共文化服务机制的六个特性》，载《人民论坛》2011年第30期。
③ 参见吴理财：《公共文化服务机制的六个特性》，载《人民论坛》2011年第30期。

色社会主义文化发展的基本目标。公共文化服务的价值指向主要包括公共文化空间的培育、社会主义核心价值体系的坚守、公共文化服务诉求均等化得以满足、社会文化生态平衡。[①]公共文化服务，一方面保障了公民基本文化权益的实现，另一方面提升了公民的文化热情和文化创造力，解放了文化生产力，实现了公民的文化自省、文化自觉和文化自信，最终实现文化强国战略。

此外，数字时代的公共文化服务，离不开现代通信、数字、网络等技术的支撑与引领。技术体系的创新与应用，是公共文化服务体系建设中极为重要的内容。纵观公共文化服务体系的技术转型与升级，基本轨迹是向数字化、网络化、交互化、全覆盖演进，文化与科技融合发展。全面推进数字化进程，实现技术转型、服务业态创新、服务内容和服务形式多样化、服务范围扩大、服务效率和质量明显跃升。[②]全民阅读作为我国公共文化服务体系的重要组成部分，必须坚持以公共文化服务理论为指导，坚持政府主导和社会参与的原则，建立适合我国国情的全民阅读推广服务机制，最大限度地体现公益性、基本性、均等性、便利性等特征，保障公民阅读权的实现。数字时代，数字信息技术在促进全民阅读服务的便利性、均等性、有效性等方面具有天然的优势。

三、促进型立法理论

促进型立法是相对于传统管理型立法而言的，其命名源于此类立法在名称和立法目的上多使用“促进”等字样，以引导、推动、鼓励、倡导、扶持、奖励为主要手段，以倡导性规范为主要载体，以促进某项基础薄弱的产业

① 参见曹爱军：《公共文化服务：理论蕴涵与价值取向》，载《湖北社会科学》2009年第6期。
② 参见高福安：《公共文化服务体系建设创新研究》，中国传媒大学出版社2018年版，第7页。

或事业发展。[1]促进型立法作为一种新型立法，能很好地适应经济社会多元化发展和政府职能转变与管理创新的需要，是对传统管理型立法的重要补充。由于促进型立法以倡导性规范为主，弱化法律主体的法律责任，导致其本身强制力较差，可操作性不强，因而也被人们称为软法。促进型立法主要具有以下特征。

第一，政府职能方面，弱化管理，强化服务和引导。新中国成立后，我国实行计划经济政策，强调国家对社会事务的统管统抓，政府在公共管理中一直扮演着“主导者”和“支配者”的角色。改革开放以来，随着市场经济体制的逐步完善，政府的职能也逐步由管理职能向服务职能转变。当社会关系发展到一定程度，形成一定的市场规模，甚至出现市场过度竞争的情况，就需要政府履行宏观调控的管理职能；而对于一些基础薄弱的产业、事业，由于私人力量长期不能或不愿意介入，在这些领域中，社会关系尚未得到良好发育，市场规模尚未形成但又急需鼓励形成规模，这时就需要政府履行公共服务职能，采取激励、促进、推动等措施，这就为促进型立法的产生留下了空间。[2]促进型立法顺应政府职能的转变，弱化政府的管理和控制职能，强调政府服务和引导，配合政府履行公共服务职能，最终促进社会公平有序发展。

第二，法律规范设置方面，以激励为主，管理为辅。由于促进型立法强调政府的公共服务职能，因而对政府而言，法律设定了超越其基本义务的要求，不像管理型立法那样强调权利与义务的对应。在义务的设置上，采用大量任意性、授权性和激励性规范。受这些因素的影响，促进型立法在法律责任的确认上表现为法律责任弱化、问责性差等特征。法律规范的主要类型有激励扶持类规范、表彰奖励类规范、宣誓宣言类规范、道德提倡类

① 参见李龙亮：《促进型立法若干问题探析》，载《社会科学辑刊》2010年第4期。

② 参见赵丽、吴卫国：《关于加强促进型立法工作的思考》，载《公民导刊》2010年第9期。

规范、管理约束类规范。[1]促进型立法的功能价值决定了其在法律规范设置上主要以激励性规范为主,管理性规范为辅。虽然管理性规范总体上所占比例较少,但对促进型立法来说也是必不可少的。

第三,治理模式方面,强调政府主导,社会主体广泛参与。一方面,促进型立法的主要目的是培育基础薄弱产业和事业发展。由于市场机制在这些领域的失灵,基础薄弱产业和事业的发展不能依赖市场手段,只有通过政府来推动和引导,如整合资源和提供资金、税收等优惠措施,因此,在促进型立法中也强调政府在推动基础薄弱产业和事业发展中的主导作用和义务。另一方面,由于需要政府推动和扶持的产业和行业,往往有较强的公共产品特点,这些产品的供给光靠政府推动成效不明显,就需要调动社会团体和公众积极参与这些领域。所以,促进型立法往往将“国家鼓励社会团体和公众参与”作为一项基本原则予以规定,通过社会力量的参与,寻求政府有效干预与全民参与的有机配合和协调。[2]在促进型立法中,鼓励社会团体和公众参与被视为法律调控目标能够实现的途径,而在管理型立法中,公众只能被视为参与行为的限制性主体,没有实质性主体地位。

第四,法律责任方面,表现为法律责任的综合化。在促进型立法中,法律责任通常包括两个方面:一是国家行政机关及其工作人员的违法行为引起的法律责任;二是非政府组织及公民等行政相对人的违法行为或不履行义务而引起的法律责任。对行政主体来说,承担法律责任的主要形式包括责令改正、行政处分等。[3]责令改正指特定行政主体进行了违反法律规定的行为(或不作为)而由上级单位责令(限期)改正。行政处分是行政系统内部的人事管理方式,主要是对直接负责的主管人员和其他责任人员适用。其他道义责任、社会责任和政治责任等综合责任则与行政人员的升迁

① 参见李龙亮:《促进型立法若干问题探析》,载《社会科学辑刊》2010年第4期。
② 参见李艳芳:《“促进型立法”研究》,载《法学评论》2005年第3期。
③ 参见刘志强:《论促进型法律之法律责任》,载《社科纵横》2010年第10期。

提拔和罢免相关。而对非政府主体和公民来说,促进型立法本来就是鼓励这些社会主体通过参与相关活动来达成法律调控的目标,所以,除了少量设立法律责任之外,基本以自愿和激励为主。

促进型立法虽然以促进和激励的法律规范为主,强制力较差,但是,其强调政府服务职能的转变,倡导社会主体广泛参与的治理模式也是值得借鉴的。

第四章
全民阅读立法的价值定位

法的价值是立法的思想先导，严格意义上的立法活动都是在一定法的价值观指导下的国家行为。全民阅读立法的价值定位，是指在全民阅读立法过程中确定全民阅读立法价值理念、体系结构以及解决各种价值之间的冲突，并据此构建全民阅读立法的原则、目标和制度体系。自由价值、平等价值与效率价值构成了全民阅读立法的基本价值追求，三者具有统一性，但也存在冲突。在全民阅读立法的价值体系中，自由价值和平等价值处于最高位次，效率价值是自由价值和平等价值的重要实现途径。研究全民阅读立法的价值，有助于我们准确把握全民阅读立法的价值理念及价值内容，提高立法的科学性。

一、法律价值概述

（一）法律价值的概念

价值是指人们所利用的并表现了对人的需要关系的物的属性。它所体现的是作为客体的物对于作为主体的人的意义。法的价值是以法与人的关系作为基础的，法对于人所具有的意义和人关于法的绝对超越指向。[①]作为主体的人与作为客体的法律，在相互作用的过程之中，不仅会由于法

① 参见卓泽渊：《法的价值论》，法律出版社2018年版，第45页。

律对人的行为或社会关系的调整而形成一定的社会关系，而且会由于主体及其内在尺度的作用，使客体趋向于主体、接近主体，为主体的需要及其发展服务，形成一定的价值关系。法律价值不等同于法律作用或法律效用，后者是前者形成的基础和条件。法律价值作为主体与法律之间特定关系的范畴，标志着法律所追求的一定目标，包含着需要和理想的成分。正因为法律价值具有绝对超越指向的性质，所以法律价值也成为法律实践不断完善的动力。

法律价值既可以明确表现在法律规范之中，也可以暗含于相关法律制度之中。法律价值根据不同的标准有不同的分类，如从社会主体的角度来看，可以分为群体价值和个人价值；从法律价值之间的关系来看，可以分为法律的工具价值和法律的目的价值；从法律价值的可能后果来看，可以分为正价值、零价值和负价值；从价值准则的角度可以分为秩序价值、人权价值、自由价值、正义价值、平等价值、效率价值等。

（二）法律价值的意义

法律科学无法回避价值问题。法律基本上是关于各种价值的讨论。[①]法律实践呼唤着法的价值，法律制定、实施的各个环节都需要进行价值认识、价值评价和价值选择。特别是在法的制定中，关于法的价值追求问题、此法与彼法的价值冲突问题以及法律内部价值冲突问题都是需要立法者考虑的重大问题。[②]

法的价值是立法的思想先导。严格意义上的立法活动都是在一定法的价值观指导下的国家行为。立法的价值目标与追求是什么？是保障自由还是剥夺自由，是保障平等还是制造特权与歧视，是维护正义还是保护邪

① 参见吕世伦：《西方法律思潮源流论》，中国人民公安大学出版社1993年版，第232页。

② 参见卓泽渊：《法理学》，法律出版社2004年版，第117–118页。

恶等，直接关系到制定的法是良法还是恶法。事实上，“有法可依”并不是真正的立法上的法制完备，离法治之法还有遥远的距离。因为立的是什么法，法的价值追求是什么尤为重要。对于立法，完全可以说如果制定出来的法为零价值，立法就是徒劳，如果制定出来的法为负价值，立法就只是有害无益的恶行。①法的价值对司法实践尤其是立法具有重要意义。立法中价值认识的不足必然会导致立法的失误，价值定位的偏差必然影响立法的效果。

全民阅读立法也需要确定一套符合现实经济、社会发展需求的价值理论体系，并据此构建全民阅读立法的原则、目标和制度体系。所以，本章关于全民阅读立法价值的研究，有助于我们准确把握全民阅读立法价值理念的内容，提高立法的科学性。

二、全民阅读立法的平等价值

（一）平等价值概述

平等是历史的范畴，在不同的历史时期具有不同的内涵。平等观念真正形成于近代。让-雅克·卢梭认为，没有平等，自由便不能存在。荷兰唯物主义哲学家斯宾诺莎强调法律平等。他认为，执行法律的人必须不顾及一些个人，而是把所有的人都看作平等个体，对每个人的权利都一样地加以护卫，不嫉羡富者，也不蔑视穷者。②皮埃尔·勒鲁认为，作为一项原则，平等是一项神圣的法律，一项先于其他一切法律的法律，一项派生其他法律的法律。③

马克思认为平等的实质是人对人同等对待的社会关系，他强调一切公

① 参见卓泽渊：《法的价值论》，法律出版社2018年版，第62-63页。

② 参见[荷兰]斯宾诺莎：《神学政治论》，温锡增，译，商务印书馆1982年版，第220页。

③ 参见[法]皮埃尔·勒鲁：《论平等》，王允道，译，商务印书馆1988年版，第239页。

民或一个社会的一切成员都应当有平等的政治地位和社会地位。现代法学家E.博登海默认为,平等乃是一个具有多种不同含义的多元概念。它所指的对象可以是政治参与权利、收入分配制度,也可以是不得势的群体的社会地位与法律地位。它的范围涉及法律待遇的平等、机会的平等和人类基本需求的平等。[①]

对平等的现代概念可以有如下理解:每个成员,仅仅因为他是社会成员之一,就不仅有权享受其他成员所提供的个人生活所需,而且有权享受每一个人都想得到而实际上确实对人类福利有益的一切好处和机会。[②]平等内涵的多元性决定了法的平等价值也具有多重含义。法的平等价值既包括法律适用上的平等,也包括立法上的平等。通常来说,法律追求的平等价值可以从以下几个方面来理解。

首先,法律上的平等是法律上的权利义务平等。权利义务平等也即"形式上的平等",通常指国家承认所有人在法律上一律平等,在权利义务上给予同等的对待,使社会成员具有平等的法律地位,使每个人都有追求自己的利益、自我发展和自我完善的平等的机会和条件。

其次,法律上的平等是一种实际利益的分配原则。平等不是平均,平均在本质上与平等是背道而驰的。每个人拥有追求幸福的平等的机会和条件,并不意味着最后获得的实际利益完全相同。社会资源是有限的,不可能无差别满足所有人的需求。在这种情况之下,实际利益的分配需要根据个人的付出与获得相对等的原则来进行,社会理论主张的"多劳多得、按劳分配"的原则就是"付出与获得对等"的原则的体现。[③]

最后,法律上的平等承认合理差别。这种平等即实质上的平等,指依据具体情况和实际需要,对特定的人给予差别化对待,缩小由于形式上的平

① 参见[美]博登海默:《法理学:法律哲学与法律方法》,邓正来,译,中国政法大学出版社1999年版,第285页。

② 参见卓泽渊:《法理学》,法律出版社2004年版,第162页。

③ 参见杨亚佳:《论法治与和谐》,载《河北法学》2006年第12期。

等造成的差距,从而实现社会公平正义。形式上的平等虽然能保证社会成员在自由竞争中的机会均等,但由于每个人的实际条件不同,这种平等并不能保证最后的结果达到实质上的平等。这种实质上的平等只是对形式上的平等进行修正和补充,不能完全取代形式上的平等,而且实质上的平等并不是绝对平等,不同于结果平等。[①]

(二)全民阅读立法平等价值的主要内容

第一,法律地位平等。全民阅读立法追求的法律地位平等,是指在全民阅读法律关系中,主体应被赋予平等地享受权利和承担义务的资格。一方面,阅读权作为一项基本人权,是所有公民平等地享有的阅读权利;另一方面,所有阅读推广服务主体的法律地位平等。在全民阅读立法中,法律地位平等,就是指不应在相同条件下随意限制某些主体享有权利和承担义务的资格,同时又赋予其他主体相应的权利和义务。特别是对参与全民阅读推广服务的社会组织、企业、公民等主体,只有保障其具有平等的法律地位,才能充分激发其活力,提高全民阅读推广效率。

第二,法律机会平等。全民阅读立法追求的机会平等,是指在全民阅读法律关系中,主体在具备平等的法律地位的前提下,拥有实现其权利的平等条件、机会。从阅读权的实现来说,任何公民都需要具备一定的阅读能力,拥有一定的阅读资源和条件才能实现阅读权益。社会组织、企业、公民等阅读推广主体也需要拥有一定的条件和途径,才能开展阅读推广服务。然而,相关主体拥有一定的条件也仅仅意味着拥有实现权利的机会。例如,公民有条件获得阅读资源和参加阅读活动,并不意味着其一定能养成阅读习惯并主动阅读,能否实现阅读权,还得靠自身的努力付出。从现有全民阅读服务体系看,还存在城乡差距和地区差距较大的问题,不同地区

① 参见文正邦:《宪法学教程》,法律出版社2005年版,第163页。

的人享受的全民阅读服务不均等。全民阅读立法的重要任务之一就是建立相应制度,使相关主体拥有平等的条件和机会,以实现法律机会平等。

第三,合理差异原则。公民阅读权的实现主要依赖于自身阅读素养以及外部阅读条件的保障,但部分公民由于自身阅读能力较低,在阅读资源的获取、占有、使用等方面处于劣势,他们通常也被称为阅读推广中的特殊群体,比如,农村留守儿童、进城务工人员子女以及残障人士等。他们由于年龄、地域限制和身体缺陷等方面的原因,不具备对自身阅读权利进行利益主张的能力,客观上形成利益主张缺失,同时,他们拥有的公共阅读资源有限,这也进一步阻碍了其自身阅读能力的提高。[①]针对此类特殊群体,需要在资源供给、活动开展、素养培养及其他阅读服务等方面给予差别化对待,以缩小差距,实现实质平等。从全民阅读立法现状来看,对未成年人等特殊群体的特别关注和扶持正是立法的重点内容。

三、全民阅读立法的自由价值

(一)自由价值概述

自由作为人类追求的一个目标,一直是人类极为关注的问题,是哲学和法学上的永恒命题。哲学上的自由是一种内在的、精神的自由,而法律上的自由则是关涉人的外部行为的、外在的自由。这种“外部自由”是一种行为自由,它区别于思想自由或意志自由。法律上的自由指法律上的主体在法律允许的范围内进行活动的能力,这个范围就是法律上的权利和义务的有机体。自由是人所固有的随意表现自己一切能力的权利,它以正义为准则,以不侵犯他人的权利为限制,以自然为原则,以法律为保障。[②]在一个

① 参见张春春:《公民阅读权利的概念演变、协同与发展》,载《图书馆》2016年第6期。

② 参见[法]罗伯斯比尔:《革命法制和审判》,赵涵舆,译,商务印书馆1965年版,第137页。

有法律的社会里，自由仅仅是一个人能够做他应该做的事情，而不是被迫做他不应该做的事情……自由是做法律所许可的一切事情的权利。如果一个公民能做法律所禁止的事情，他就不再有自由了，因为其他的人也同样有这个权利。[①]法律的自由价值，即法律应当是“自由的法”，是自由的准则、依据和保证，法律规范只能是为了确认和保障自由而制定，法律权利和义务也是为了实现自由而设定，法律实施的出发点和归宿都是为了自由。[②]付子堂教授认为，法律以自由为前提和目的，同时必须通过法律实现自由。通过法律实现自由，主要体现在以下几个方面。第一，法律把自由意志转化为自由权利。在国家中，实现自由的前提条件是使意志行为得到国家的承认，即将自由行为转化为自由权利，这种受到国家确认的自由就获得了国家强制力的保障而使其实现有了可靠的后盾。第二，法律确定各种自由权利的范围。法律确定各种自由权利范围采取的形式主要可归纳为两类：一是限制自由权的滥用，直接界定自由权利的范围；二是对等地设定义务，通过促进彼此自由权利的共同实现来间接确定自由权利的范围。第三，法律提供选择的机会，增加自由选择的效能。法律以明确而肯定的语言规定了在各种预设条件下的行为模式及法律后果，这样就减少了人们在社会生活中的盲目性，增加了行为的可预测性，即增加了行为选择的自由度。第四，法律保障自由免受侵犯并不被滥用。法律一方面对自由的侵犯者及其侵犯自由的行为予以惩罚，另一方面防止自由被滥用，由此保障自由的全面实现。[③]

（二）全民阅读立法自由价值的主要内容

罗尔斯认为，自由总是可以参照三个方面的因素来解释，即自由的行动

① 参见[法]孟德斯鸠：《论法的精神（上）》，张雁深，译，商务印书馆1982年版，第154页。
② 参见付子堂：《法理学进阶》，法律出版社2005年版，第134—135页。
③ 参见付子堂：《法理学进阶》，法律出版社2005年版，第134—135页。

者，自由行动者所摆脱的种种限制和束缚，自由行动者自由决定做或不做的事情。[①]全民阅读立法的自由价值，主要体现在以下两个方面。

一方面，立法应体现阅读自由的原则，不随意干涉公民的阅读自由。公民阅读权本质上是一种自决权，这种权利无法依靠国家的单向命令和强迫民众来实现，而是通过政府引导、公众选择、自我行动而实现。[②]全民阅读作为一项公共文化事业，其重心在于为公民创造阅读的条件和培育全社会阅读的良好氛围，通过引导、培育等手段，让公民有条件阅读并将阅读内化为学习和生活的习惯，最终达到形成阅读型社会的目的。因此，全民阅读立法应体现阅读自由的原则，不随意干涉公民的阅读自由。

另一方面，通过立法将公民的这种自由意志转化为法律权利，使公民实现阅读利益的自由得到法律的强制性保障。权利从存在形态可以分为应有权利、习惯权利和法律权利。法律权利是通过国家法律确认的，也是权利的主要存在形态。法律权利可以为公民的行为自由提供指引，还能使这种自由免受侵犯，得到国家的保障。

全民阅读立法的核心就是让公民的阅读自由上升为法律权利，使其得到法律的强制保障。在全民阅读立法中，各主体的权利和义务形成的有机体就是公民自由实现阅读利益的主要手段。所以，要实现公民阅读自由，一方面需要法律规范明确规定公民的阅读权利及权利内容，让权利法定化；另一方面，要细化义务主体的义务和责任，为保障公民阅读权的实现提供法律上的指引。

---

① 参见[美]约翰·罗尔斯:《正义论》,何怀宏、何包钢、廖申白,译,中国社会科学出版社1988年版,第199—200页。

② 参见王琳琳、赵锦华:《软法视角下的全民阅读立法研究》,载《中国出版》2017年第3期。

四、全民阅读立法的效率价值

（一）效率价值概述

效率，本是一个经济学的概念，它表达的是投入与产出、成本与收益的关系，是指从一个给定的投入量中获得最大的产出，以最少的资源消耗取得最大的收益，或以同样的消耗取得最大的收益，从而使资源配置最大化、最优化。[①]任何资源的供给总是有限的，这就是经济学所谓的资源的稀缺性。由于稀缺性和机会成本的原因，人类才努力追求资源配置的效率。经济学中的“效率”概念主要是针对资源配置的后果而言的，通俗地说，效率就是以较少的成本生产较多的人们所需要的产品。它有两个条件：（1）产品是人们所需要的；（2）产出大于投入，或收益大于损失（成本）。具备这两个条件的行为或制度是有效率的，不同时具备这两个条件的行为或制度是无效率的。[②]

法律的效率价值是指法所具有的能够使社会或人们以较少的投入获得较大的产出价值。法律的效率价值要求以最少的立法、执法和司法成本，实现法律关系主体权利与义务的最佳配置，指引合理分配社会资源，从而实现理想的社会秩序。效率目标作为科学立法的最基本价值追求，体现在以下几个方面：（1）科学立法本身需要追求效率。某种社会关系是否需要立法调整，本身就面临着选择，这种选择的重要依据就是效率，即立法调整的收益应该大于立法成本，且立法收益与立法成本之正差也应该大于由其他规范调整所带来的收益与成本之正差，否则以立法来调整便不是最优的调整方式。（2）科学立法尤其要促进社会发展效率。（3）法的其他基本价值

① 参见蔡晓青、刘丽英、向鹏：《法理学》，延边大学出版社2017年版，第71页。
② 参见谢鹏程：《基本法律价值》，山东人民出版社2000年版，第133页。

的实现需要效率。[①]

效率价值对法律的影响,不仅表现在它作为价值标准可以用来检验法律的现有效率,而且表现在它作为价值目标对法律存在和发展的引导、推动和支撑的作用上。法律实现效率价值的主要方式包括:(1)确认并保障主体权益,激励社会主体的创造性;(2)确认和保护产权关系;(3)确认、保护、创造最具效率的经济运作模式;(4)通过设立法律责任等惩罚机制,减少违法犯罪行为,保障社会效率。

(二)全民阅读立法效率价值的主要内容

全民阅读立法追求的效率价值是指,以最小的立法成本,实现全民阅读法律关系主体权利与义务的最佳配置,指引合理分配阅读资源,从而全面提升全民阅读服务的质量和水平。

由于阅读对个人、社会、国家发展的功用并不容易被直接评估,全民阅读推广投入与产出的效果就存在"工具理性"与"价值理性"的不同价值取向。全民阅读立法也存在工具理性和价值理性的分野。全民阅读立法的工具理性主要表现为,立法者为了实现全民阅读立法目标寻找最佳方式、最高效率的一种自觉判断。全民阅读立法的价值理性主要表现为,以阅读主体的权益为终极价值目标,研究如何在全民阅读立法中用"人的尺度"引导和把握"物的尺度",重视情感的、道德的、审美的价值观和价值实现方式。[②]工具理性与价值理性在本质上是统一的。价值理性为工具理性提供精神动力,工具理性为价值理性带来现实支撑,但两种理性主义追求目标的手段和方式不太一样,价值理性重视理想和信念的终极作用,工具理性力求用最高效、最功利化和技术化的手段实现目标,所以最优化的制度和

① 参见王雄文:《科学立法的效率价值及其实现——法经济学的视角》,载《法治社会》2021年第1期。
② 参见张大伟、周月如:《全民阅读立法的价值理性与工具理性》,载《编辑学刊》2019年第3期 。

体制成为工具理性的重点考量对象。[①]因此，在全民阅读立法中，既要有“工具理性”的考量，又要有“价值理性”的追求。一方面，对全民阅读立法的效果切莫“操之过急”，十年树木，百年树人，全民阅读是一个需要社会广泛参与的长效工程；另一方面，仍然不能忽视工具理性所强调的制度和体制的完善。[②]全民阅读立法效率价值主要包括以下几个方面的内容。

首先，建立和完善权利保障机制，激发主体参与活力。一方面以阅读权为中心建立阅读权利保障体系，充分发挥阅读权的请求权和救济权的权利效力，保障公民能通过有效途径高效地实现自己的阅读权益；另一方面完善社会力量等参与主体的权利保障机制，激发社会力量等主体参与全民阅读推广服务的积极性。通过发挥权利效力机制的作用，使全民阅读服务最大限度地符合人民群众的实际需求，提升全民阅读服务效率。

其次，完善责任制度，提升全民阅读服务机制的运行效率。法律本身有两个动力装置，一是通过权利引导人们运用法律，二是通过处罚预防人们违反法律。这两个装置能否发挥作用，从行为人的角度看，取决于它们对行为人是否最有效率（私人效率）。[③]当某人进行违法行为的预期效用超过将时间及另外的资源用于进行其他活动所带来的效用时，此人便会进行违法活动。违法行为的预期效用是由具体的环境条件决定的，国家对其控制力较弱，但违法行为的预期成本直接受到处罚的轻重和处罚的可能性的影响，国家对其具有较强的控制力。因此，法律对违法行为的控制，主要在于加大违法行为人的私人成本，使潜在的违法行为人放弃对违法行为的选择。[④]在全民阅读立法中，需要针对行政主体和社会力量主体的不同特点设置科学的责任制度，通过惩罚机制保障阅读推广机制的正常运转。

① 参见张大伟、周月如：《全民阅读立法的价值理性与工具理性》，载《编辑学刊》2019年第3期。
② 参见张大伟、周月如：《全民阅读立法的价值理性与工具理性》，载《编辑学刊》2019年第3期。
③ 参见谢鹏程：《基本法律价值》，山东人民出版社2000年版，第179页。
④ 参见谢鹏程：《基本法律价值》，山东人民出版社2000年版，第180页。

最后,利用信息技术提升全民阅读服务效率。互联网等数字信息技术对于全民阅读来说,不仅仅意味着阅读形式的数字化和多样化,更在于其互联互通、共建共享的服务模式对全民阅读服务效率的提升。《全民阅读"十三五"时期发展规划》提出,"组织开展系列专题数字化阅读活动,大力提升全民数字化阅读率;支持建设一批数字化阅读服务平台,助力全民阅读普及,提升数字出版在公共文化服务体系建设中的支撑能力"。技术革新与不断发展不仅能直接助力全民阅读的推广,而且将直接倒逼现有公共文化服务模式进行变革。例如,我国现在不少农家书屋存在利用率低、图书数量少且不受群众喜爱的问题。在互联网环境下,农民对于获取资讯、技能的要求越来越高,而原有的农家书屋模式可能不再适应农村文化建设发展的要求,而这样的需求与供给矛盾需要更潜入式、便捷化、人文化的方式去解决,互联网基因的注入成为解决问题的重要抓手。[①]大数据、云计算等数字信息技术,能为公众提供更精准化、个性化的阅读服务,最大限度满足公众个性化阅读需求,从而提高全民阅读的服务效率。

自由价值、平等价值与效率价值构成了全民阅读立法的基本价值追求,三者具有统一性,但也存在冲突。立法价值是一个由多种法律价值构成的、多层次的价值体系。多重价值的存在,意味着价值冲突的存在,也就需要对价值进行权衡和选择。在全民阅读立法中,正确处理法的价值冲突,能节约立法成本,最大限度地提高立法效益。

全民阅读立法的价值冲突主要表现为自由价值与平等价值、自由价值与效率价值、平等价值与效率价值三对法律价值冲突。从价值理念层面明确在全民阅读立法中如何解决此类冲突,即依照何种顺序进行价值选择,对于确立全民阅读立法的原则、目标、制度体系等具有重要意义。在全民

---

① 参见刘京晶:《互联网时代公共文化服务的治理变革》,知识产权出版社2016年版,自序第1页。

阅读立法的价值理念体系中，自由价值和平等价值处于最高位次，效率价值是自由价值和平等价值的重要实现途径。在全民阅读立法中，如果自由价值、平等价值与效率价值等法的价值之间发生冲突，应将自由价值和平等价值作为首要价值，在现有法律框架内对效率价值等其他价值的内容进行谨慎调整，效率价值应在价值取向上适应自由价值和平等价值的内在要求。

第五章
全民阅读立法的现状审视

政策文本分析是文本读者运用多种方法和视角发掘文本"深层结构"的过程,其主要目的是分析文本所建构的社会关系结构,并发现存在的问题。本章通过对11个地方性单行立法文本和1个国家层面的单行立法文本(征求意见稿)进行政策文本分析,发现目前我国全民阅读立法主要存在以下问题:部分立法文本法律层级较低;罗列式立法体例影响法律规范的设置;阅读权缺位及性质认知差异影响立法制度的设定;促进型立法的可执行性较差;教育行政力量参与度不高导致学校阅读教育的弱化。

一、全民阅读立法文本研究设计

(一)研究对象

促进全民阅读是个系统工程,包括阅读资源的创作、出版、传播、借阅服务和活动开展、教育指导、媒体宣传等多个环节,并与图书馆服务、学校教育、出版与互联网服务等密切相关。从广义上看,国家和地方的以"全民阅读"命名的专门性立法以及教育、出版、互联网管理、公共文化服务等立法都与全民阅读立法相关。由于以"全民阅读"命名的国家和地方的专门性立法更具代表性,因此,狭义的全民阅读立法仅指以"全民阅读"命名的专门性立法。本书选择以"全民阅读"命名的国家和地方的专门性立法为研究对象，包含行政法规、地方性法规和地方政府规章。

（二）文本来源与说明

为保证搜集的全民阅读立法样本的权威性和准确性，调查信息主要来源于中华人民共和国中央人民政府网站、中国政府法制信息网以及我国各省（自治区、直辖市）的政府网站，并以其他网站相关信息作为辅助。本书采用网络调查法，在前述网站中依次用“全民阅读”“促进全民阅读”“全民阅读促进”“促进全民阅读条例”“全民阅读促进条例”“全民阅读促进办法”“促进全民阅读的决定”“全民阅读推广”等关键信息进行检索，再对相关信息进行浏览和确认。截至2020年12月，国家层面的立法有国务院法制办公室发布的《全民阅读促进条例（征求意见稿）》；已经制定并颁发了地方性法规或地方政府规章的省份主要有：江苏省、湖北省、辽宁省、四川省、黑龙江省、吉林省、广东省、河南省、贵州省、宁夏回族自治区等；已制定并颁发了地方性法规或地方政府规章的市主要有：深圳市、石家庄市、常州市、烟台市、宁波市等（见表5-1）。

表5-1　全民阅读地方立法统计表

序号	地方名称	法规名称
1	江苏	《江苏省人民代表大会常务委员会关于促进全民阅读的决定》
2	湖北	《湖北省全民阅读促进办法》
3	辽宁	《辽宁省人民代表大会常务委员会关于促进全民阅读的决定》
4	深圳	《深圳经济特区全民阅读促进条例》
5	四川	《四川省人民代表大会常务委员会关于促进全民阅读的决定》
6	石家庄	《石家庄市人大常委会关于促进全民阅读的决定》
7	黑龙江	《黑龙江省人民代表大会常务委员会关于促进全民阅读的决定》
8	常州	《常州市人民代表大会常务委员会关于促进全民阅读的决定》

续表

序号	地方名称	法规名称
9	吉林	《吉林省全民阅读促进条例》
10	烟台	《烟台市全民阅读促进条例》
11	广东	《广东省全民阅读促进条例》
12	河南	《河南省人民代表大会常务委员会关于促进全民阅读的决定》
13	贵州	《贵州省全民阅读促进条例》
14	宁波	《宁波市全民阅读促进条例》
15	宁夏	《宁夏回族自治区全民阅读促进条例》

（三）样本确定

根据行政区划级别，目前已经颁发的地方性全民阅读立法文本中，省、自治区级别的有10个，省、自治区、直辖市级别以下的有5个。由于省、自治区的行政级别更高，其立法更具代表性，所以，本书选择省、自治区人大常委会或人民政府颁发的地方性法规和地方政府规章为研究对象。由于深圳是较早就将全民阅读作为重要文化发展战略的城市，联合国教科文组织早在2013年就授予其“全球全民阅读典范城市”称号，深圳的立法文本具有重要参考价值，所以，《深圳经济特区全民阅读促进条例》也被纳入样本之中。

此外，目前以“全民阅读”命名的专门性立法文本主要分为已正式颁发和征求意见稿两种类型。由于法律文本只有生效后才具有稳定性，征求意见稿变化较大，所以，本书仅选择已经颁发并生效的地方立法文本。虽然国务院法制办公室发布的《全民阅读促进条例（征求意见稿）》还未正式颁布生效，但由于国家层面的立法比地方立法的法律层级高，更具代表性，且已经过多次讨论修改，具有一定的稳定性，所以，仍然将《全民阅读促进条例(征求意见稿)》纳入样本之中。

最终,本书确定了11个地方性立法文本和1个国家层面的立法文本作为研究对象(见表5-2)。

表5-2 全民阅读立法文本样本表

序号	法规名称	发布或通过机构
1	《全民阅读促进条例(征求意见稿)》	国务院法制办公室
2	《江苏省人民代表大会常务委员会关于促进全民阅读的决定》	江苏省人大常委会
3	《湖北省全民阅读促进办法》	湖北省人民政府
4	《辽宁省人民代表大会常务委员会关于促进全民阅读的决定》	辽宁省人大常委会
5	《深圳经济特区全民阅读促进条例》	深圳市人大常委会
6	《四川省人民代表大会常务委员会关于促进全民阅读的决定》	四川省人大常委会
7	《黑龙江省人民代表大会常务委员会关于促进全民阅读的决定》	黑龙江省人大常委会
8	《吉林省全民阅读促进条例》	吉林省人大常委会
9	《广东省全民阅读促进条例》	广东省人大常委会
10	《河南省人民代表大会常务委员会关于促进全民阅读的决定》	河南省人大常委会
11	《贵州省全民阅读促进条例》	贵州省人大常委会
12	《宁夏回族自治区全民阅读促进条例》	宁夏回族自治区人大常委会

(四)分析框架

政策文本分析是文本读者运用多种方法和视角发掘文本“深层结构”的过程,是文本理论化的过程,其主要目的是分析文本所建构的社会关系结构。这种深层次矛盾和结构的揭示，需要通过对政策文本的解码来实现。[①]这种解码可分为文本形式(非规范性)和文本实质(规范性)内容的解码。政策文本分析方法可分为三种类型：一是比较纯粹的文本定量分析，最一般的表现是对文本中某些关键词的词频进行统计，重在描述文本中的某些规律性现象或特点，属于传统的内容分析方法；二是对文本中词语的定性分析，多从某一视角出发对文本进行阐释，属于话语分析范畴；三是综合分析，即文本的定量分析与定性分析相结合，对文本既有定量描述也有定性阐释，甚至还有预测。[②]

在一般情况下，政策文本包含标题、签发机构、发文时间、法律层级、权利义务等形式要素和核心内容。借鉴政策文本已有理论研究，结合全民阅读立法相关文本的特点，本书确定了两个一级指标：形式特征变量和内容特征变量(见表5-3)。

对于形式特征变量的二级指标，本书选取了三个主要指标：(1)法律层级，根据颁发主体的不同，分为法律、行政法规、地方性法规和地方政府规章等；(2)名称类型，分为促进条例、促进办法、促进决定等；(3)立法体例，分为"总则—分则"式、"总则—分则—附则"式、罗列式等。

对于内容特征变量的二级指标，运用法律语言及逻辑学的相关知识，结合全民阅读立法文本核心内容的组成要素，本书选取了四个主要指标：(1)阅读权，主要考察法律文本是否明确提出保障公民阅读权，以及对公民阅读权性质的认识；(2)行为模式，即法律规范规定实际行为的方式，包括授权性规范、义务性规范和禁止性规范三种类型；(3)模糊语言，从法律规范的文字表达方面考察立法用语偏好；(4)主要制度，根据全民阅读活动的组织和运行特点，将主要制度分为主体制度、运行制度、监督制度和责任制度。

① 参见涂端午：《高等教育政策生产》，北京大学出版社2012年版，第26-27页。

② 参见王迎、魏顺平：《近十五年我国职业教育政策文本计量分析研究》，载《中国职业技术教育》2012年第12期。

表5-3　文本分析指标结构

一级指标	二级指标	文本代表性用语
形式特征变量	法律层级	通过机构：国务院、省人大常委会、省人民政府等
	名称类型	促进条例、促进办法、促进决定等
	立法体例	总则、分则、附则等
内容特征变量	阅读权	阅读权、阅读权利、文化权益等
	行为模式	授权性规范：有权、可以、鼓励、支持、倡导等
		义务性规范：应当、负责、有义务等
		禁止性规范：不得、禁止等
	模糊语言	适当、可能、相应、鼓励、必要的等
	主要制度	领导机构、资源、资金、推广、活动、监督、责任等

二、全民阅读立法现状分析

（一）全民阅读立法形式特征

表5-4　全民阅读立法文本形式特征比较

序号	法规名称	名称类型	法律层级	立法体例
1	《全民阅读促进条例（征求意见稿）》	促进条例	行政法规	“总则—分则—附则”式
2	《江苏省人民代表大会常务委员会关于促进全民阅读的决定》	促进决定	地方性法规	罗列式
3	《湖北省全民阅读促进办法》	促进办法	地方政府规章	罗列式
4	《辽宁省人民代表大会常务委员会关于促进全民阅读的决定》	促进决定	地方性法规	罗列式

续表

序号	法规名称	名称类型	法律层级	立法体例
5	《深圳经济特区全民阅读促进条例》	促进条例	地方性法规	“总则—分则—附则”式
6	《四川省人民代表大会常务委员会关于促进全民阅读的决定》	促进决定	地方性法规	罗列式
7	《黑龙江省人民代表大会常务委员会关于促进全民阅读的决定》	促进决定	地方性法规	罗列式
8	《吉林省全民阅读促进条例》	促进条例	地方性法规	“总则—分则—附则”式
9	《广东省全民阅读促进条例》	促进条例	地方性法规	“总则—分则—附则”式
10	《河南省人民代表大会常务委员会关于促进全民阅读的决定》	促进决定	地方性法规	罗列式
11	《贵州省全民阅读促进条例》	促进条例	地方性法规	“总则—分则—附则”式
12	《宁夏回族自治区全民阅读促进条例》	促进条例	地方性法规	“总则—分则—附则”式

通过立法文本的形式特征比较（见表5-4），从法律层级指标看，《全民阅读促进条例（征求意见稿）》属于行政法规；地方性立法文本中，只有《湖北省全民阅读促进办法》属于地方政府规章，其他10个地方性立法文本属于地方性法规。从名称类型指标看，无论是《全民阅读促进条例（征求意见稿）》，还是其他地方性立法文本，都冠以“促进”字样，名称中分别有条例、决定、办法等不同用语，体现了促进型的立法基本定位。从立法体例指标看，《全民阅读促进条例（征求意见稿）》采用“总则—分则—附则”式立法体例；其他地方性立法文本中，《深圳经济特区全民阅读促进条例》《吉林省全

民阅读促进条例》《广东省全民阅读促进条例》《贵州省全民阅读促进条例》《宁夏回族自治区全民阅读促进条例》采用"总则—分则—附则"式立法体例，另外6个地方性立法文本则采用简单的罗列式立法体例。

（二）全民阅读立法内容特征

1. 阅读权

表5-5　全民阅读立法文本中"阅读权"相关表述

序号	法规名称	阅读权相关表述
1	《全民阅读促进条例(征求意见稿)》	无
2	《江苏省人民代表大会常务委员会关于促进全民阅读的决定》	无
3	《湖北省全民阅读促进办法》	基本文化权益
4	《辽宁省人民代表大会常务委员会关于促进全民阅读的决定》	无
5	《深圳经济特区全民阅读促进条例》	阅读权利
6	《四川省人民代表大会常务委员会关于促进全民阅读的决定》	阅读权利
7	《黑龙江省人民代表大会常务委员会关于促进全民阅读的决定》	阅读权利
8	《吉林省全民阅读促进条例》	无
9	《广东省全民阅读促进条例》	基本阅读权利
10	《河南省人民代表大会常务委员会关于促进全民阅读的决定》	无
11	《贵州省全民阅读促进条例》	阅读权益
12	《宁夏回族自治区全民阅读促进条例》	无

从阅读权相关表述看（见表5-5），只有深圳市、四川省、黑龙江省、广东省等立法文本明确对阅读权进行了规定。如《深圳经济特区全民阅读促进

条例》第一条规定:“为了促进全民阅读,保障市民阅读权利,提高市民文明素质,根据有关法律、行政法规的基本原则,结合深圳经济特区实际,制定本条例。”《广东省全民阅读促进条例》第一条规定:“为了保障公民的基本阅读权利,提高公民的思想道德素质和科学文化素质,培育和践行社会主义核心价值观,传承中华优秀传统文化,推动全民阅读和文化强省建设,根据《中华人民共和国公共文化服务保障法》等法律法规,结合本省实际,制定本条例。”但黑龙江省立法文本在立法目的中采用“基本文化权益”的表述,在其他条款中又采用“阅读权利”的表达。湖北省立法文本则采用“基本文化权益”的表述。如《湖北省全民阅读促进办法》第一条规定:“为了弘扬社会主义核心价值观,保障公民的基本文化权益,提高公民的思想道德素质、法治意识和科学文化水平,促进全民阅读活动深入开展,推动学习型社会建设,根据有关法律法规,结合本省实际,制定本办法。”贵州省立法文本采用了“阅读权益”的表述。如《贵州省全民阅读促进条例》第一条规定:“为了促进全民阅读,保障公民阅读权益,培育和践行社会主义核心价值观,提高社会文明程度,根据有关法律、法规的规定,结合本省实际,制定本条例。”其他立法文本则没有相关表述,总体上认为推动全民阅读是一项社会公益或公益性事业。如《辽宁省人民代表大会常务委员会关于促进全民阅读的决定》在“一、增强促进全民阅读的使命感”部分规定“开展全民阅读活动是一项公益性事业”。《全民阅读促进条例(征求意见稿)》第一条规定:“为促进全民阅读,推动学习型社会建设,丰富人民群众精神文化生活,增强公民思想道德素质和科学文化素质,提高社会文明程度,制定本条例。”

2.行为模式

表 5-6　全民阅读立法文本中“行为模式”代表性用词统计表

序号	法规名称	授权性规范(次)	义务性规范(次)	禁止性规范(次)
		用词:有权、可以、鼓励、支持、倡导	用词:应当、负责、义务	用词:禁止、不得
1	《全民阅读促进条例(征求意见稿)》	18	20	1
2	《江苏省人民代表大会常务委员会关于促进全民阅读的决定》	24	34	0
3	《湖北省全民阅读促进办法》	23	38	1
4	《辽宁省人民代表大会常务委员会关于促进全民阅读的决定》	1	7	0
5	《深圳经济特区全民阅读促进条例》	15	24	2
6	《四川省人民代表大会常务委员会关于促进全民阅读的决定》	10	9	0
7	《黑龙江省人民代表大会常务委员会关于促进全民阅读的决定》	20	23	0
8	《吉林省全民阅读促进条例》	34	39	1
9	《广东省全民阅读促进条例》	37	42	5
10	《河南省人民代表大会常务委员会关于促进全民阅读的决定》	10	17	0

续表

序号	法规名称	授权性规范（次）	义务性规范（次）	禁止性规范（次）
		用词：有权、可以、鼓励、支持、倡导	用词：应当、负责、义务	用词：禁止、不得
11	《贵州省全民阅读促进条例》	37	51	4
12	《宁夏回族自治区全民阅读促进条例》	23	31	2

法律条文是法律规范的表现形式，是主体间权利义务的具体设定，从法律条文的用语表达可以看出法律规范行为模式的设置类型。不同法律规范行为模式代表了不同的立法倾向。授权性规范是规定行为主体可以做出或不做出某种行为以及要求他人做出或不做出某种行为的法律规制，在法律文本中常常使用"可以""鼓励""允许""有权""支持""倡导"等文字结构的法律条文来表述。义务性规范是指在一定条件与情况下，要求相关主体应当积极做出某种行为的法律规范，在法律文本中通常用"必须""应当""有责任""有义务"等文字结构的法律条文来表述。禁止性规范是要求法律主体不得做出或必须抑制某种行为的法律规范，在法律文本中常常使用"不得""禁止""严禁"等文字结构的法律条文来表述。

从立法文本行为模式代表性用词来看（见表5-6），授权性、义务性、禁止性规范代表性用词分别出现了252次、335次、16次。此外，法律文本中还大量存在以"促进""引导""推动""提升""培养""扶助"等词语表达宣示和倡导作用的法律条款。如《深圳经济特区全民阅读促进条例》第四条规定："鼓励企事业单位、其他组织和个人开展全民阅读促进活动。鼓励依法设立公益性阅读组织。"《广东省全民阅读促进条例》第二十一条规定："县级以上人民政府教育主管部门应当通过各种形式为未成年人的父母或者其他监护人提供阅读引导服务，鼓励和支持开展家庭阅读、亲子阅读等活动。"《湖北省全民阅读促进办法》第九条第三款规定:"鼓励医院、宾馆、地铁、银行、公园、景区等公共场所和其他经营单位,提供全民阅读设施和服务,推动全民阅读服务多元化、社会化。"

3.模糊语言

法律语言是一种典型的书面语言,由法律专业术语、法律借用语言和社会通用语言构成。立法语言既要遵循一般的语法规则,也要符合法律规范表述的习惯用法。由于立法语言是法律规范的言语载体,关系到权利义务的表述和对法律规范的理解与适用,因此,立法语言应符合明确、具体、严谨、规范以及简洁等特殊要求。[①]

从立法文本的语言表达来看,模糊性语言条款较多。法律条文中大量出现"有关部门""相关部门""一定比例""必要的""有关规定""逐步""可以""适当""可能""相应""鼓励""倡导""支持"等弹性语言。如《宁夏回族自治区全民阅读促进条例》第二十六条规定:"县级以上人民政府应当保障全民阅读促进工作经费,并根据经济社会发展情况逐步提高经费保障标准。"《深圳经济特区全民阅读促进条例》第二十六条第一款规定:"新建、扩建、改建博物馆、美术馆、展览馆、青少年宫等文化场所,应当按照有关规范要求提供公共阅读空间及相应阅读设施。"《贵州省全民阅读促进条例》第十一条第二款规定:"县级以上人民政府及有关部门可以通过购买服务、资助全民阅读公益活动等方式,推动具备条件的企业事业单位、社会组织参与全民阅读促进工作。"《广东省全民阅读促进条例》第二十二条规定:"各级人民政府及其有关部门应当保障农村留守儿童、特困和低收入家庭儿童、优抚对象家庭儿童、残疾儿童、孤儿、福利院儿童等群体的基本阅读需求,提供必要的阅读资源,解决其阅读方面的特殊困难。鼓励学校、全民阅读服务设施管理单位对其进行阅读指导和服务。"

① 参见武志:《法律规范可执行性的理论诠释与实现路径》,载《长春理工大学学报(社会科学版)》2015年第12期。

4.主要制度

(1)主体制度

全民阅读促进工作由政府主导、社会力量共同参与,根据参与主体的性质,可以将其分为政府主体和社会力量主体两种类型。政府主体根据职能的不同,可以分为领导机构和一般参与主体。领导机构在全民阅读促进工作中起着领导、统筹、组织、协调、指导等作用,一般参与主体在各自职责范围内负责开展相应工作。

根据《公共文化服务保障法》等法律规定,结合全民阅读促进工作的特点,社会力量主体可以分为公益性组织、企业和公民三种类型。

从领导机构设置来看,江苏、湖北、深圳、四川、河南的立法文本中规定了领导机构,其中江苏立法文本中规定全民阅读活动领导小组为领导机构。《江苏省人民代表大会常务委员会关于促进全民阅读的决定》第三条规定:“全民阅读活动领导小组负责指导协调本行政区域内促进全民阅读工作,其成员单位按照各自职责共同做好促进全民阅读工作。领导小组办公室设在本级新闻出版行政主管部门,负责日常具体工作。”湖北、四川、深圳、河南立法本文中规定全民阅读活动指导委员会为领导机构。如《湖北省全民阅读促进办法》第四条第二款规定:“设立省全民阅读活动指导委员会,组织、指导全省全民阅读工作。省全民阅读活动指导委员会办公室设在省新闻出版广电主管部门。”《四川省人民代表大会常务委员会关于促进全民阅读的决定》在“二、强化政府职责,推动全民阅读开展”部分规定:“四川省全民阅读活动指导委员会负责统筹规划指导全省全民阅读活动,其成员单位按照各自职责做好全民阅读工作。各市(州)、县(市、区)人民政府应当加强组织协调,负责做好全民阅读工作。”《深圳经济特区全民阅读促进条例》第六条第一款规定:“设立深圳市全民阅读指导委员会。”《河南省人民代表大会常务委员会关于促进全民阅读的决定》第三条规定:“县级以上建立全民阅读指导委员会,负责指导协调本行政区域内促进全民阅读工作,其成员单位按照各自职责共同做好促进全民阅读工作。全民阅读指导委员会办公室设在新闻出版主管部门,负责日常具体工作。”黑龙江、吉林、广东、贵州、宁夏立法文本则规定县级以上人民政府负责指导、协调本行政区域内全民阅读工作。《全民阅读促进条例(征求意见稿)》第四条规定:“国务院新闻出版广电主管部门负责全国的全民阅读促进工作。国务院其他有关部门在各自职责范围内负责相关的全民阅读促进工作。县级以上地方人民政府新闻出版广电主管部门负责本行政区域内的全民阅读促进工作。县级以上地方人民政府其他有关部门在各自职责范围内负责相关的全民阅读促进工作。”辽宁立法文本中则没有明确规定领导机构,仅规定了各级政府和相关部门应开展全民阅读推广活动。

从政府一般参与主体看,各立法文本都规定了较宽泛的一般参与主体范围,主要有:教育主管部门、文化主管部门、新闻出版主管部门、司法行政部门、公安机关、文化和旅游部门、科学技术部门、农业农村部门等。如《湖北省全民阅读促进办法》第五条第二款规定:“县级以上人民政府发展改革、财政、文化、教育、人力资源社会保障、住房城乡建设、公安、司法、民政等行政主管部门,按照各自职责做好全民阅读相关工作。”《广东省全民阅读促进条例》第五条第二款规定:“县级以上人民政府有关部门应当按照各自职责做好相关全民阅读促进工作。”《宁夏回族自治区全民阅读促进条例》第四条第三款规定:“文化和旅游、教育、科学技术、农业农村等部门按照各自职责做好相关全民阅读促进工作。”《贵州省全民阅读促进条例》第四条第二款规定:“县级以上新闻出版主管部门负责本行政区域内的全民阅读促进工作,其他有关部门按照各自职责负责相关的全民阅读促进工作。”

从社会力量主体看,公益性组织主要包括全民阅读公益基金会,公共图书馆、文化馆、博物馆、美术馆、科技馆等事业单位,共青团、妇联、文联、科协、作协等社会团体;企业主要包括出版单位、书店、阅读推广组织、互联网企业等具有营利性质的法人或非法人组织;个人主体有些法律文本表述为“公民”,有些法律文本则表述为“自然人”。总体来看,社会力量主体范围较广,有利于吸引政府主体之外的社会力量参与全民阅读服务。但是,也存在一些问题:从国家立法到地方立法,各类社会力量主体范围各不相同,有些立法文本中,学校、图书馆、公益基金会等重要参与主体缺失;部分社会力量主体职能定位不清;缺乏企业主体参与全民阅读促进工作的激励机制等。

(2)运行制度

全民阅读的运行制度包括组织规划、资源、设施、资金、服务、活动、宣传、推广人等多项要素。学者张文彦、田菲认为,经过各领域专家的集思广益,以及对美国、日本、韩国、俄罗斯、瑞典等国家相关法规政策的反复探讨,发现有六大要素对全民阅读工作至关重要,那就是内容资源、阅读设施、阅读服务、阅读推广人、阅读活动和重点群体。[①]此外,资金作为全民阅读促进工作的重要保障因素,其重要性不言而喻。因此,本书从内容资源、阅读设施、阅读服务、阅读推广人、阅读活动、特殊群体和资金七个方面分析全民阅读立法文本的运行制度。

①内容资源

内容资源既包括书、报、刊等传统内容资源,也包括数字化内容资源。从立法文本来看,各立法文本都强调加强优质阅读内容资源的创作、推荐和配置。涉及阅读内容资源的相关主体主要包括政府主体、出版发行单位、新闻媒体、公共图书馆等。如《全民阅读促进条例(征求意见稿)》第十九条第一款规定:“国家采取措施,支持和引导弘扬社会主义核心价值观、传播中华优秀传统文化、促进未成年人健康成长等作品的创作出版。”《广

① 参见张文彦、田菲:《对全民阅读立法进展的思考》,载《出版发行研究》2017年第5期。

东省全民阅读促进条例》第八条规定："省新闻出版主管部门应当建立和完善精品出版物、原创出版物的创作生产引导机制，鼓励和支持各种优秀出版物的出版。省新闻出版、教育、文化等主管部门，应当定期推荐面向不同读者群体的优秀出版物。"《河南省人民代表大会常务委员会关于促进全民阅读的决定》第十二条规定："各级人民政府应当鼓励和支持各类优秀作品的创作、传播，加强优质阅读内容供给。全民阅读主管部门应当定期组织相关专家评选推荐面向不同读者群体的优秀出版物，并优先纳入各类全民阅读采购计划。"《宁夏回族自治区全民阅读促进条例》第七条规定："自治区新闻出版管理部门应当鼓励和支持优秀出版物的出版。自治区新闻出版管理部门应当会同文化和旅游、教育、科学技术、农业农村等部门，定期面向不同读者群体推荐优秀出版物目录。"

从政府主体来看，主要义务和职责包括：加强出版活动监管、支持和引导优秀作品的创作出版、公布优秀出版物书目、保障特殊群体阅读资源的供给等。出版单位的义务与职责主要为加强优质出版物的出版、宣传，执行关于特殊群体出版物管理的规定。如《全民阅读促进条例（征求意见稿）》第二十二条第二款规定："出版单位应当根据阶梯阅读的要求，在出版物显著位置标识适宜的年龄段。"发行单位的义务与职责主要为加强对优秀出版物的发行、宣传、展示。如《贵州省全民阅读促进条例》第十七条规定："鼓励实体书店设置阅读专区，配备阅读设施，组织公益性全民阅读活动。县级以上人民政府应当给予一定的经费支持。鼓励实体书店与网络融合发展，实现线上线下一体经营，支持办好24小时书店。"媒体单位的主要义务与职责为加强优秀出版物的宣传。如《全民阅读促进条例（征求意见稿）》第十五条规定："广播电台、电视台、报刊和互联网站等应当通过新闻报道、专题栏目（节目）、公益广告等方式，宣传优秀出版物，普及阅读知识，营造全民阅读氛围，增强公民阅读意识。"《贵州省全民阅读促进条例》

第十九条规定:“媒体应当通过新闻报道、公益广告和专栏专题等方式,挖掘和宣传阅读典型,推荐优秀出版物,普及阅读知识,宣传全民阅读活动。鼓励通信运营商免费发送促进全民阅读公益信息。”以公共图书馆、农家书屋等为代表的全民阅读服务场所的主要义务与职责为阅读资源的采集、共享与推荐等。如《深圳经济特区全民阅读促进条例》第二十三条规定:“公共图书馆和各类学校图书馆应当根据服务对象的具体情况,将市全民阅读指导委员会发布的全民阅读基础书目部分或者全部纳入采购计划。”《江苏省人民代表大会常务委员会关于促进全民阅读的决定》第十条第一款规定:“公共图书馆应当为公众提供良好的阅读环境和便捷高效的借阅服务,优先采购优秀读物,免费向公众开放馆藏阅读资源,积极开展阅读推广和专业指导。除用于收藏的珍贵古籍、重要资料和文献外,公共图书馆的图书应当实行开架借阅,并定期流转、补充和更新。”

②阅读设施

根据《公共文化服务保障法》的规定,公共文化设施是指用于提供公共文化服务的建筑物、场地和设备,主要包括图书馆、农家书屋、职工书屋、公共阅报栏(屏)、公共数字文化服务点等。《全民阅读促进条例(征求意见稿)》第二十三条第二款规定:“本条例所称全民阅读设施,是指各级人民政府或者社会力量举办的,向公众开放,为公民提供阅读服务的公共图书馆、青少年宫、乡镇(街道)和村(社区)基层综合性文化服务中心、农家书屋、公共阅报栏(屏)等场所和设备。”根据阅读设施的提供是否以营利为目的,全民阅读设施可以分为公益性阅读设施和经营性阅读设施两类。

第一,阅读设施的规划和经费保障。阅读设施的建设和管理需要巨大的经费投入,需要立法的重点保障。多数全民阅读立法文本都强调县级以上人民政府担负全民阅读设施的规划、建设和完善的义务。如《广东省全民阅读促进条例》第九条第一款规定:“县级以上人民政府应当将全民阅读服务设施建设纳入城乡建设规划，根据本行政区域内人口规模、分布和服务需要，科学规划、合理布局，有计划地建设覆盖城乡、实用便利、服务高效的各类全民阅读服务设施，支持和保障全民阅读服务设施的正常运营和服务。”《湖北省全民阅读促进办法》第七条第一款规定：“县级以上人民政府应当将全民阅读设施建设纳入城乡规划，合理配置全民阅读资源，建立、完善全民阅读基础设施，逐步形成覆盖城乡的全民阅读服务体系。”《贵州省全民阅读促进条例》第十二条规定：“县级以上人民政府应当加大对全民阅读设施建设和服务的投入，支持和保障全民阅读设施的开放、运营、使用和维护，促进全民阅读均衡协调发展。县级以上人民政府应当在城市社区建设社区书屋、阅报栏（屏）等全民阅读设施。鼓励在居民住宅区自建阅览室，通过阅读朗诵等活动促进全民阅读。县级以上人民政府应当在农村建设农家书屋、基层图书馆（室）、阅报栏（屏）等全民阅读设施，推动农家书屋和基层图书馆（室）、基层综合性文化服务中心资源整合。通过农闲时节的道德讲座、乡村读书会、专家远程教学等形式引导农民阅读。”

阅读设施的资金保障方面，江苏、湖北、黑龙江、河南等立法文本对阅读设施建设的资金做了专门规定。如《湖北省全民阅读促进办法》第六条第二款规定：“县级以上人民政府应当充分利用国家和省有关项目资金，加大对城乡公共阅读服务基础设施建设投入，加强全民阅读基础设施建设。”《黑龙江省人民代表大会常务委员会关于促进全民阅读的决定》在“二、强化促进全民阅读的政府责任”第（四）款规定：“各级人民政府应当结合本地区实际情况，合理配置全民阅读基础设施，通过财政扶持、购买服务、提供场所等方式，充分利用国家和省有关项目资金，加大对出版物发行网点、阅读设施建设和服务的投入，促进全民阅读均衡协调发展。”

第二，阅读设施类型。公益性全民阅读设施的建立和完善是政府保障公民基本阅读权利的基础条件，是全民阅读立法公益普惠原则的具体体现。从立法文本来看，公益性阅读设施主要包括以下几种类型：以公共图书馆、农家书屋、社区书屋、职工书屋等为代表的公共阅读服务场所；车站、机场、地铁站、码头、公园、景区、医院等公共场所配备的全民阅读设施；住宅小区配套建设的公共阅读设施；以各类学校图书馆、科研院所图书馆为代表的事业单位图书馆或国家机关等提供的免费阅读服务场所等。

经营性阅读设施是公益性阅读设施的重要补充，多层次阅读设施和服务可以推动全民阅读服务多元化、社会化发展，满足读者多样化的阅读需求。立法文本从不同角度对经营性阅读设施进行了规范。大多数立法文本都没有直接使用“经营性阅读设施”的概念，仅仅湖北省、吉林省立法文本直接使用了“经营性阅读设施”的概念。如《湖北省全民阅读促进办法》第九条第一款规定：“县级以上人民政府有关部门应当结合本地区实际情况，合理配置全民阅读公共服务设施；保障出版物发行网点、经营性阅读设施的建设，支持实体书店发展。”《吉林省全民阅读促进条例》第三十二条规定：“鼓励和支持社会力量建设出版物发行网点和经营性阅读设施。扶持实体书店的发展，支持发展网上书店，多元化推介优秀出版物。”

书店作为阅读推广的重要场所，立法文本对实体书店开展全民阅读服务进行了规定，且大多数立法文本都鼓励、支持实体书店的发展。如《贵州省全民阅读促进条例》第十七条第一款规定：“鼓励实体书店设置阅读专区，配备阅读设施，组织公益性全民阅读活动。县级以上人民政府应当给予一定的经费支持。”《宁夏回族自治区全民阅读促进条例》第十三条第一款规定：“县级以上人民政府及其有关部门应当加强对实体书店的扶持。鼓励实体书店创新经营模式，提升服务水平。”《广东省全民阅读促进条例》第三十条规定：“县级以上人民政府应当加强对实体书店的扶持，鼓励实体书店创新经营模式、多业态融合发展。”

③阅读服务

全民阅读促进工作的核心在于为大众提供优质的阅读服务。服务的范围不仅包括阅读设施提供的借阅服务，还包括其他主体提供的阅读教育、指导和阅读信息服务。全民阅读服务的提供，依赖于阅读推广力量和传播技术的发展，突破了时间和空间的限制，从线下到线上，从设施内部到百姓家中，充分体现着均等、便利的原则。[①]如《全民阅读促进条例（征求意见稿）》第十六条规定："国家鼓励有关组织和个人为全民阅读活动提供志愿服务，向公众传播阅读理念、开展阅读指导。"《湖北省全民阅读促进办法》第三条规定："全民阅读活动坚持政府主导、社会参与、服务大众，遵循公益性、基本性、均等性、便利性的原则，通过健全服务体系，搭建服务平台，优化服务资源，提高全民阅读服务质量。"《深圳经济特区全民阅读促进条例》第二十五条规定："市政府应当建设全市统一的数字化图书服务平台，增加数字化图书阅读资源，丰富数字化图书阅读服务内容。"《深圳经济特区全民阅读促进条例》第十六条规定："市、区文化主管部门应当会同市、区教育主管部门在中小学校、公共图书馆等场所组织开展面向未成年人的阅读促进活动，指导未成年人开展课外阅读。"《江苏省人民代表大会常务委员会关于促进全民阅读的决定》第六条规定："建立和完善全民阅读在线服务，推进公共图书数字资源、阅读信息服务资源、公共阅读服务平台等共享网络建设，支持网络书店发展。鼓励和支持各类数字化阅读新技术的开发和应用。鼓励、支持移动通信运营商免费发送促进全民阅读的公益信息，通过改进技术、降低成本，为移动终端用户提供健康有益、便捷高效的阅读服务。"

④阅读推广人

阅读推广人指具备一定的素养和能力，能够开展阅读指导，提升读者阅读兴趣和阅读能力的专职或业余人员。在全民阅读推广中，阅读推广人成

① 参见张文彦、田菲：《对全民阅读立法进展的思考》，载《出版发行研究》2017年第5期。

为向大众提供优质高效阅读服务的主要力量。除《全民阅读促进条例(征求意见稿)》和辽宁、四川、贵州立法文本外,其他多数地方立法文本都对阅读推广人进行了规定,主要内容包括:鼓励支持发展阅读推广人队伍,建立阅读推广人队伍信息库,建立全民阅读公共服务场所阅读推广人制度,为阅读推广人免费提供培训服务,鼓励和支持志愿者加入阅读推广人队伍等。此外,广东和宁夏的立法文本特别强调鼓励和支持文化团体、教育机构和其他社会组织发展专业阅读推广人队伍,促进全民阅读服务社会化、专业化发展。如《广东省全民阅读促进条例》第三十三条规定:“各级人民政府鼓励和支持文化团体、教育机构和其他社会组织发展专业阅读推广人队伍,促进全民阅读服务社会化、专业化发展。鼓励和支持教师、公务员、科技工作者、文艺工作者、新闻出版工作者、图书馆工作人员和高等院校学生等作为志愿者加入阅读推广人队伍。”《宁夏回族自治区全民阅读促进条例》第十七条规定:“县级以上人民政府应当统筹建立全民阅读推广人队伍信息库,为阅读推广人提供相关知识和技能培训,提升阅读推广人队伍的整体素质和服务能力。鼓励教育机构、文化团体、新闻媒体、出版发行单位和其他社会组织发展阅读推广人队伍。鼓励教师、新闻出版工作者、科研人员、图书馆工作人员、在校大学生等加入阅读推广人队伍。”虽然多数地方立法文本都对阅读推广人进行了规定,但由于缺乏明确的责任主体和操作程序,多数关于阅读推广人的条款都属鼓励与倡导性质。

⑤阅读活动

全民阅读活动是整个全民阅读促进工作中的“造血机器”。通过开展阅读活动,可以营造阅读氛围,激发阅读兴趣和培育阅读习惯。从立法文本看,阅读活动主要包括以下几个方面。

其一,设立全民阅读日,举办读书节、读书月等活动,培育和巩固各类书香品牌。如《江苏省人民代表大会常务委员会关于促进全民阅读的决定》第七条规定:“每年4月23日为‘江苏全民阅读日’。省人民政府每年举办‘江苏读书节’,定期举办‘江苏书展’。设区的市、县(市、区)人民政府可以根据本地实际情况举办读书节等活动。在阅读日、读书节期间,地方各级人民政府及其有关部门和单位集中组织开展形式多样的阅读活动,营造促进全民阅读的良好社会氛围。倡导公民积极参与全民阅读活动。”《湖北省全民阅读促进办法》第二十五条第一款规定:“县级以上人民政府应当在每年4月23日(世界读书日)和9月28日(孔子诞辰日)开展全民阅读专项活动。”《贵州省全民阅读促进条例》第十条规定:“各级人民政府应当培育和巩固书香贵州阅读品牌;市州、县级人民政府应当结合本地实际,培育和巩固当地特色阅读品牌。”《深圳经济特区全民阅读促进条例》第十八条规定:“每年11月为深圳读书月。深圳读书月活动采取政府倡导、专家指导、社会参与、企业运作、媒体支持的机制举办。深圳读书月组织机构可以在读书月组织、指导、协调集中开展下列活动:(一)评选全民阅读先进典型,推广相关经验;(二)读书交流;(三)阅读进社区、进学校、进企业等;(四)其他全民阅读促进活动。”《广东省全民阅读促进条例》第十六条规定:“全省开展‘书香岭南’全民阅读活动,每年4月23日为广东全民阅读日,每年8月为广东全民阅读月。每年定期举办‘南国书香节’,鼓励和支持有条件的地级以上市人民政府举办‘南国书香节’分会场活动。县级以上人民政府应当根据本地实际定期举办读书节等活动。鼓励和支持国家机关、企业事业组织、社会团体根据自身特点和条件创办各种品牌阅读活动。”

其二,要求或鼓励公共图书馆、实体书店及有关社会组织积极举办各种阅读活动,打造全民阅读品牌,营造全民阅读良好氛围。如《辽宁省人民代表大会常务委员会关于促进全民阅读的决定》规定:“三、组织公共文化机构提供读书惠民服务。全省各级各类公共图书馆自每年4月23日起,在免费开放的基础上,安排不少于两周时间的阅读推广和阅读辅导活动;社区书屋、农家书屋要因地制宜地为居民进行阅读培训指导，开展不同书屋之间的借阅交流活动。各级各类书店要围绕全民阅读活动开展为期一个月的图书展销、读书讲座、购书优惠等活动。”

第三，要求或鼓励国家机关、企事业单位、人民团体等积极开展公益性、普惠性阅读活动。如《贵州省全民阅读促进条例》第二十条第一款规定：“国家机关、企业事业单位、社会组织应当结合自身特点和条件，开展全民阅读活动。”此外，湖北、广东等立法文本还对基层全民阅读活动的开展进行了规定。如《湖北省全民阅读促进办法》第五条第四款规定：“乡镇人民政府、街道办事处、村（居）民委员会应当根据本地实际，组织开展全民阅读活动。”《广东省全民阅读促进条例》第五条第三款规定：“乡镇人民政府、街道办事处、村民委员会、居民委员会应当根据本地实际，组织开展全民阅读活动。”

⑥特殊群体

全民阅读的公益性、均等性特征决定了立法必须对特殊群体予以关注和扶持。从立法文本看，加强对未成年人阅读的保障成为立法的重中之重。在未成年人的阅读保障方面，立法强调建立政府、学校、社会和家庭相结合的“四位一体”全民阅读工作促进机制，推动未成年人阅读习惯的养成。[①]其他如残障人士、老年人、进城务工人员及其子女、农村留守儿童、服刑人员、戒毒人员、贫困居民、偏远山区居民等特殊群体也是立法的重点关注对象。

立法通过为特殊群体提供阅读设施、资源、信息和指导服务等，满足其基本阅读需求，促进全民阅读事业的均衡发展。但是，从各立法文本看，特殊群体的范围和保障措施存在很大差异。特别是针对未成年人的学校阅读教育规定存在较大不同，有的立法文本仅规定中小学应开展阅读活动，

① 参见苗美娟：《我国全民阅读地方性立法的内容解读及特点分析》，载《图书情报工作》2020年第23期。

有的立法文本规定中小学应开设专门的阅读课程，并且教育行政部门要开展阅读水平测试等。如《湖北省全民阅读促进办法》第十七条第二款规定：“中小学校、幼儿园和全民阅读公共服务场所应当定期开展针对未成年人的阅读指导和服务，提供适合未成年人特点的阅读资源，满足其阅读方面的需求。”《深圳经济特区全民阅读促进条例》第十四条规定：“市、区教育主管部门应当指导中小学校、中等职业学校、幼儿园等开展阅读活动，开设或者调整相关课程，传授阅读技巧，培养阅读兴趣，提高阅读能力。”《深圳经济特区全民阅读促进条例》第十五条规定：“市、区教育主管部门应当指导中小学校开展阅读水平测试，每年向社会发布中小学生阅读水平情况报告。”《宁夏回族自治区全民阅读促进条例》第二十二条规定：“教育行政部门应当指导学校和其他教育机构开展全民阅读活动，培养学生阅读习惯，提升学生阅读能力。高等院校、中等职业学校、中小学校、幼儿园应当设置阅读场所和设施，配备阅读指导教师，开设阅读课程，组织阅读教学，开展校园阅读活动。”《广东省全民阅读促进条例》第二十条规定：“中小学校和幼儿园在实施素质教育的过程中，应当加强培养未成年人阅读兴趣和阅读习惯，提升其阅读能力。中小学校应当加强书香校园文化建设，完善校园阅读设施，鼓励教师开展阅读指导，有针对性地开展教师培训，开设必要的阅读课程，开展各种形式的校园阅读活动。”

⑦资金

从立法文本看，全民阅读经费主要有三个来源。其一是财政资金，除辽宁省立法文本之外，其他立法文本都有“政府应将全民阅读促进工作所需经费纳入同级财政预算或县级以上政府应当保障全民阅读促进工作经费”等类似规定。如《全民阅读促进条例（征求意见稿）》第五条规定：“县级以上人民政府应当将全民阅读促进工作纳入本级国民经济和社会发展规划，将政府开展全民阅读促进工作所需资金纳入本级预算。”《深圳经济特区全民阅读促进条例》第二十二条规定:“市、区政府有关行政主管部门可以根据市政府相关规定对下列全民阅读促进活动予以经费补贴……”其二是各人民团体、企事业单位和其他社会组织可以从单位教育培训经费和工会经费中支出开展全民阅读活动的经费。如《吉林省全民阅读促进条例》第二十二条第二款规定:“鼓励和支持各人民团体、企事业单位和其他社会组织结合本单位实际,为职工提供阅读场所、设施和服务。开展全民阅读活动经费按照有关规定,可以从本单位教育培训经费和工会经费中支出。”有的立法文本规定应当安排专项经费用于相关阅读促进活动,如《深圳经济特区全民阅读促进条例》第二十四条规定:“各级工会、共青团等群团组织应当安排专项经费用于相关阅读促进活动。”其三是全民阅读公益基金,江苏、深圳、黑龙江、广东、宁夏等立法文本鼓励、支持成立全民阅读公益基金。如《广东省全民阅读促进条例》第三十五条第二款规定:“县级以上人民政府鼓励公民、法人和其他组织依法设立全民阅读公益基金,用于扶持公益性阅读组织、培育阅读推广人队伍、强化阅读服务等活动。”《宁夏回族自治区全民阅读促进条例》第二十八条第二款规定:“鼓励自然人、法人和其他组织依法设立全民阅读公益基金,用于扶持全民阅读公益活动。”

总体来看,虽然大多数立法文本都对财政资金做了安排,但对资金使用范围规定不统一,缺少监督程序。对于公益基金,部分立法文本也仅是进行了原则性规定,对公益基金的发起主体规定也不统一,如《深圳市经济特区全民阅读促进条例》规定,深圳市政府可以发起成立公益性全民阅读基金,《广东省全民阅读促进条例》规定,鼓励公民、法人和其他组织依法设立全民阅读公益基金。此外,全民阅读涉及政府不同部门,如此多的参与和负责主体必然会导致全民阅读经费的分散使用和多头支出,难以形成规模效应,其理想状况应当是“归口管理,统筹使用”。[①]

① 参见李晶晶、吴欢:《给全民阅读经费保障立法提个建议》,载《中国新闻出版广电报》2017年7月13日。

（三）全民阅读立法监督制度

表5-7　全民阅读立法文本监督制度比较

序号	法规名称	监督制度相关表述
1	《全民阅读促进条例(征求意见稿)》	无
2	《江苏省人民代表大会常务委员会关于促进全民阅读的决定》	全民阅读公益基金会应当依法向社会公开信息，接受社会监督；建立全省全民阅读调查评估制度
3	《湖北省全民阅读促进办法》	建立全民阅读调查评估制度
4	《辽宁省人民代表大会常务委员会关于促进全民阅读的决定》	无
5	《深圳经济特区全民阅读促进条例》	制定全市全民阅读发展纲要和全民阅读促进活动计划应当广泛征求意见；实施情况应当向社会公开，接受社会监督
6	《四川省人民代表大会常务委员会关于促进全民阅读的决定》	建立全民阅读活动的评价机制，广泛听取社会各界的建议意见；建立全省全民阅读调查评估制度
7	《黑龙江省人民代表大会常务委员会关于促进全民阅读的决定》	建立全民阅读评估制度，全民阅读公益基金或者基金会应当依法向社会公开信息，接受社会监督
8	《吉林省全民阅读促进条例》	无
9	《广东省全民阅读促进条例》	建立全省全民阅读服务评价制度；开展全省全民阅读状况调查，并及时向社会公布调查结果
10	《河南省人民代表大会常务委员会关于促进全民阅读的决定》	无
11	《贵州省全民阅读促进条例》	建立全民阅读促进工作考核评价制度
12	《宁夏回族自治区全民阅读促进条例》	制定全民阅读指标评价体系

法律监督属于法律运行的重要环节，是现代法治系统的重要组成要素。通常来说，法律监督有广义和狭义之分。广义的法律监督指国家机关、各政党、社会团体、公民，对于法律运行和实施的过程，包括立法、执法、司法活动的程序及其结果是否合法进行评价和监督。狭义的法律监督，专指有关国家机关依法定职权和法定程序对立法、执法和司法的合法性进行监察和督促。法律监督根据制度模式又分为自循环监督与交互监督、社会监督与国家监督。自循环监督又称系统内监督，是指某个确定的系统内实行纵向的、自上而下或自下而上的自我监督；交互监督，指不同子系统之间相互进行交叉监督。社会监督是一种非国家性质监督，指国家机关之外的各种社会力量对国家机关所实施的监督；国家监督又称法定监督，指由国家机关或国家机关授权的团体组织实施的，具有特定的监督对象、内容和范围，使用法定监督方式，并产生必然的监督后果的法律监督形式。[①]

全民阅读立法的监督制度指行政机关、社会组织及公民对行政机关等义务主体及其工作人员在全民阅读促进工作中是否充分履行义务所实施的监督，主要包括行政机关的自循环监督和公民、社会组织的外部监督。

从全民阅读立法文本的监督制度比较来看（见表5-7），监督制度主要包括建立服务评价机制或制度、信息公开、征求意见、阅读调查评估等制度。虽然部分立法文本设置了监督制度，但总体来说监督制度不够完善，特别是公民和社会组织的外部监督制度较少，缺乏公民和社会组织参与监督的具体路径。

① 参见付子堂：《法理学初阶》，法律出版社2005年版，第343-345页。

(四)全民阅读立法责任制度

表5-8　全民阅读立法文本责任制度比较

序号	法规名称	责任制度主要类型
1	《全民阅读促进条例(征求意见稿)》	责令改正、处分、刑事责任
2	《江苏省人民代表大会常务委员会关于促进全民阅读的决定》	责令改正、处分、刑事责任
3	《湖北省全民阅读促进办法》	责令改正、行政处分、刑事责任
4	《辽宁省人民代表大会常务委员会关于促进全民阅读的决定》	无
5	《深圳经济特区全民阅读促进条例》	无
6	《四川省人民代表大会常务委员会关于促进全民阅读的决定》	无
7	《黑龙江省人民代表大会常务委员会关于促进全民阅读的决定》	无
8	《吉林省全民阅读促进条例》	责令改正、处分
9	《广东省全民阅读促进条例》	责令限期改正、处分
10	《河南省人民代表大会常务委员会关于促进全民阅读的决定》	责令改正、依法问责追责
11	《贵州省全民阅读促进条例》	处分
12	《宁夏回族自治区全民阅读促进条例》	责令限期改正、处分、民事责任、刑事责任

通常来说,制定法律规范是立法活动的核心,一个完整的法律规范包括假定条件、行为模式和法律后果三个要素。法律后果是指法律规范规定的关于人们遵守或违反法定行为模式而产生的法律上的后果,分为肯定性法律后果和否定性法律后果。肯定性法律后果表现为对合乎法律要求的行为的允许、确认、保护、奖励等;否定性法律后果具体表现为法律对违反其

要求的行为做出否定性的评价，并进行相应的追究与制裁。[①]而法律责任是否定性法律后果的一种，指由于违法行为或法律规定的特定法律事实出现，相关责任人应承担的否定性法律后果。在我国，法律责任包括违宪责任、行政责任、民事责任和刑事责任四种基本形式。在立法实践中，一个完整的法律责任包括责任主体、责任根据、责任后果三个基本要素。设定法律责任应当坚持合法性原则、协调性原则、对应性原则和合理性原则，在立法表述上要做到科学、明确、准确、规范。[②]

从全民阅读立法文本的责任制度比较来看（见表5-8），大部分立法文本都设立了责任制度，主要分为行政责任、民事责任和刑事责任三种类型，其中《全民阅读促进条例（征求意见稿）》和吉林、广东、贵州、宁夏等立法文本专门设了“法律责任”一章。总体来看，现有立法的责任制度比较弱。一方面，虽然部分法律文本设立了责任制度，但缺乏具体适用标准和程序，可操作性不强；另一方面，由于法律规范中缺乏否定性法律后果的设定，形成了先天性的有义务无责任的缺陷，导致义务可能无法落实。

三、全民阅读立法存在的问题

现行全民阅读立法将全民阅读促进工作中的先进经验以法律条文的形式固化下来，以法治方式和法治思维推动全民阅读事业的发展，这既是全国全民阅读事业蓬勃发展的缩影，也是我国文化法治创新的具体体现。[③]立法对明确政府职责，建立社会广泛参与的工作机制，加强组织、经费保障，加强标准化建设，保障特殊群体阅读权益等起到了较好的保障和推动作用。由于我国全民阅读立法的理论研究起步较晚，全民阅读立法的实践

① 参见付子堂：《法理学初阶》，法律出版社2005年版，第147-148页。
② 参见李培传：《论立法》，中国法制出版社2011年版，第225-243页。
③ 参见徐同亮：《江苏全民阅读立法经验与启示》，载《科技与出版》2017年第12期。

经验积累不多，立法还存在一些需要完善的地方。《立法法》第六条规定："立法应当从实际出发，适应经济社会发展和全面深化改革的要求，科学合理地规定公民、法人和其他组织的权利与义务、国家机关的权力与责任。法律规范应当明确、具体，具有针对性和可执行性。"通过比较分析全民阅读立法文本的形式特征和内容特征，发现目前全民阅读立法主要存在以下问题。

（一）部分立法文本法律层级较低

1.较低法律层级制约立法权限

从法律层级来说，国家层面的立法文本《全民阅读促进条例（征求意见稿）》为行政法规，地方性立法文本除湖北省文本为地方政府规章外，其他地方性立法文本均为地方性法规。不同层级的法律法规只能在《立法法》授权范围内对相关事项做出规定。根据《立法法》第八条的规定，犯罪和刑罚只能由法律规定。因此，作为全民阅读立法的行政法规和地方性法规就不能对犯罪和刑罚做出规定。《立法法》第八十二条第六款规定："没有法律、行政法规、地方性法规的依据，地方政府规章不得设定减损公民、法人和其他组织权利或者增加其义务的规范。"也就是说，如没有法律、行政法规以及地方性法规等上位法为依据，作为全民阅读立法的地方政府规章不得就促进全民阅读相关事项设定减损公民、法人和其他组织权利或者增加其义务的规范。因此，较低法律层级的立法，将制约立法权限，限制某些义务性和惩罚性规范的设定。

2.较低法律层级影响配套措施的跟进

《立法法》第六十二条规定："法律规定明确要求有关国家机关对专门事项作出配套的具体规定的，有关国家机关应当自法律施行之日起一年内作出规定，法律对配套的具体规定制定期限另有规定的，从其规定。有关国家机关未能在期限内作出配套的具体规定的，应当向全国人民代表大会常务委员会说明情况。”全民阅读促进工作涉及政府多个部门，需要各部门在自己权力与责任范围内协同配合，并通过制定相应配套措施具体落实全民阅读相关法律法规的规定。由于《全民阅读促进条例（征求意见稿）》的法律层级为行政法规，地方性立法文本为地方性法规或地方政府规章，法律层级皆在法律之下，按《立法法》的规定，它们均无权对有关国家机关制定相关配套措施做出具体规定。因此，由于全民阅读相关立法不能对有关国家机关制定相应配套措施设定义务，从一定程度上会制约相关部门制定配套措施的积极性，不利于全民阅读立法相关制度的具体落实。

3.较低法律层级不利于形成完善的法律体系

法律体系即一国现行的各种法律规范，根据一定的标准进行科学分类，并依据一定的原则组织成一个和谐的统一整体。每一部立法都是一个完整法律体系的组成元素，服从这一法律体系的内在逻辑，与其他法律发生着广泛的联系，相互影响，有机融合。完善的全民阅读立法体系的形成，除全民阅读的专门性立法之外，还需公共文化服务、图书馆、教育、出版、知识产权、互联网服务等其他相关法律法规的协同配合。

全民阅读的国家立法层级较低，容易与其他部门法之间形成冲突。依据法律冲突的处理原则，在立法之间出现冲突的时候，一般依照新法优于旧法、特别法优于一般法的原则处理。然而，要适用该原则，必须以相冲突的法律位阶相同为前提，否则上位法效力当然优于下位法。作为行政法规的《全民阅读促进条例（征求意见稿）》（生效后）和《公共文化服务保障法》《公共图书馆法》《教育法》《著作权法》等与全民阅读促进工作相关的法律相比，其位阶较低，当出现冲突的时候，当然优先适用位阶更高的法律。因此，作为全民阅读国家立法的行政法规，不可能对前述法律规定的任何制度进行更新、修订或排除适用，而全民阅读促进工作又与公共文化服务、图书馆服务、学校教育、互联网服务以及著作权管理等密切相关。

此外，各省市的经济、教育、文化以及全民阅读水平存在差异，如果有国家层面的人大阅读相关立法的引领和参考，能最大限度地避免地方立法之间的冲突，使国家和地方立法形成协同配合的完善的全民阅读立法体系。

（二）罗列式立法体例影响法律规范的设置

立法体例是立法文本之结构，通常分为总分式、总分总式、罗列式三种类型。立法在结构上有简单和复杂之分，简单结构的立法条文总体较少，没有总则、分则和章、节的设置，仅用“一”“二”等序号简略地表现立法内容，不采用法律文本通行的第×条的形式。[①]罗列式立法体例通常属于简单立法结构，总分式、总分总式则属于复杂立法结构。从立法文本来看，目前有江苏、湖北、辽宁、四川、黑龙江、河南等六个地方的立法文本属于罗列式的简单立法结构。以简单立法结构进行立法具有立法时间短、立法成本低、能够及时回应社会法律需求的优势，但往往会忽视法律规范逻辑结构的完整性。由于没有层次分明的总则—分则、章—节—条—款设置，采用简单结构的立法的不同部分之间缺乏内在的逻辑联系，“各自为政”的体例不能准确地表达立法的动因以及由立法动因而产生的权利义务设定，继而产生立法的效力难题。[②]因此，采用罗列式立法体例的简单立法结构只能对促进全民阅读的相关制度做概括性和原则性规定，影响法律规范的设置，从而影响法律规范实施效力。

① 参见周旺生：《立法学教程》，北京大学出版社2006年版，第493页。

② 参见齐崇文：《论全民阅读促进立法的法律效力》，载《图书馆理论与实践》2019年第6期。

（三）阅读权缺位及性质认知差异影响立法制度的设定

公民阅读权是全民阅读立法的法理基础和逻辑起点，全民阅读促进工作的根本目的是保障公民阅读权的实现。从立法文本来看，只有深圳、四川、广东的立法文本在立法目的中明确将阅读视为公民的权利，采用“阅读权利”的表述；其他部分立法文本则采用“基本文化权益”“阅读权益”的表述；还有部分立法文本认为全民阅读是一项社会公益或公益性事业。在全民阅读立法中，阅读权的缺位以及对阅读权性质的认知差异，容易导致对立法制度的设定产生偏差，影响法律规范实施效力。

由于阅读自由权强调公民对阅读的选择自由，阅读不能被强制，因此，从全民阅读的国家立法到地方立法，都遵循着仅对政府、社会组织等义务主体设定义务，而不对作为权利主体的公民设定义务的法律规范设置范式。由于权利和义务二者互相关联、对立统一，并且存在功能上的互补关系，因此，在一般情况下，为了保障立法的实施和立法目标的实现，可将权利性规定转化为义务性规定，如公民阅读权利可以转化为国家的阅读保障义务，借助义务的约束力来保证权利的法律效力。[①]基于此种法理，国家和地方立法都采取为政府以及其他义务主体设定义务的方式来保障公民阅读权利的实现。在这种法律规范的设置范式下，阅读权是否在立法文本中被明确规定为公民的一项基本权利就显得不是特别重要。因为立法者认为通过政府等义务主体完全、充分履行义务，提供保障条件，就能保障公民实现阅读权益。因此，目前立法文本中直接采用阅读权表述的不多，只有深圳、四川、广东等少数地方立法中明确规定了阅读权利。然而，并非所有的权利都需要进行或者能够进行上述转化，权利本身也有特定的效力。一方面，主体可以要求他人做或不做某种行为，这种权利类型被称为“请求

① 参见齐崇文：《论全民阅读促进立法的法律效力》，载《图书馆理论与实践》2019年第6期。

权”;另一方面,当权利受到阻碍或权利受到侵害时,主体可以向有关机关提出申述或控告,这种权利类型被称为“救济权”。权利效力的特殊性使得权利和义务虽然在结构上相关但并不完全对应。全民阅读促进型立法仅规定国家的阅读保障义务而忽视公民阅读权利的履行的做法必然会带来两方面的问题:一是抑制权利行使的主动性,二是弱化对义务主体的监督。①

此外,阅读权性质的认识差异将影响立法者在立法中对权利、义务及责任制度的设置。权利和权益要求法律予以保障,有上位法的渊源,如宪法等;而社会公益和公益性事业强调的是机构、组织和个人的自愿行为,可为可不为,对政府没有强制性约束。立法部门对“阅读权利”关键性概念的不同认识,一定程度上影响着全民阅读法律法规的制定,特别是在权利、义务和职责关系的制度安排上会产生偏差,从而影响法律法规的实施效果。②

因此,全民阅读立法中,阅读权缺位及对阅读权性质的认知差异会影响立法制度的设定,从而影响法律规范实施效力。

(四)促进型立法定位导致可执行性较差

可执行性是指法律规范实现实施效果最优化应具备的形式和内容上的要求。其中形式上的要求为立法语言明确、规范,程序性规定完备;内容上的要求为权利义务设置合理,配套措施完备。法律既要能清楚地表述主体之间的权利与义务,又要有实施的程序性要求和标准的规定,否则,就缺乏可操作性,影响法律规范实施效力。促进型立法是相对于传统管理型立法而言的,其命名缘于此类立法在名称和立法目的上多使用“促进”等字样,以引导、推动、鼓励、倡导、扶持为主要手段,以倡导性规范为主要载体,其

① 参见齐崇文:《论全民阅读促进立法的法律效力》,载《图书馆理论与实践》2019年第6期。
② 参见黄明涛:《我国全民阅读地方立法的可操作性研究——基于7部地方性法规和规章文本的分析》,载《科技与出版》2017年第12期。

目的是促进某项产业发展或为某种社会秩序的形成提供制度化保障。[①]我国现行《立法法》第六条第二款规定:“法律规范应当明确、具体,具有针对性和可执行性。”由于促进型立法以倡导性规范为主,弱化法律主体的法律义务与责任,导致法律强制力较差,操作性不强,因而也被人们称为软法。现行我国全民阅读立法总体上体现了促进型立法的基本定位,可执行性较差主要表现在以下几个方面。

1.倡导性规范过多

从全民阅读立法文本的名称类型来看(见表5-4),立法文本名称中都包含“促进”二字,体现了促进型立法的基本定位。从全民阅读立法文本行为模式代表性用语来看(见表5-6),以“有权”“可以”“鼓励”“支持”“倡导”等用语为代表的倡导性规范较多。法律条文中还多以“促进”“引导”“推动”“提升”“培养”等词语表达宣示和倡导作用。

行为模式是指法律规范规定实际行为的方式。它规定人们可以做什么、应当做什么、禁止做什么等,它是法律规范的核心部分,是法律规范的主要内容。根据行为模式和调整方式的不同,可以将法律规范分为授权性规范、义务性规范和禁止性规范。[②]要避免观赏性立法,就必须减少倡导、宣示性规定,增强立法的针对性和可操作性。法律规范与其他社会规范的最大区别就是具有确定性和国家强制性。如果只是倡导,其实不必采取法律手段,可以用其他社会规则如政策、道德规范、公民公约等替代。倡导性的法律规范难以执行,反而降低了法律的权威性、震慑性。法律规范的指引、评价、预测和教育作用其实都是建立在法律的强制作用基础之上的,是通过确定性和强制性使人们对法律规范产生敬畏与信赖,并形成内化于心的法治信仰。否则,如果缺乏强制性,法律规范只是人们众多行为模式中

---

① 参见李龙亮:《促进型立法若干问题探析》,载《社会科学辑刊》2010年第4期。

② 参见付子堂:《法理学初阶》,法律出版社2005年版,第148页。

可选择的一种，其指引、评价、预测和教育作用都将无从谈起。

倡导性立法导致法律规范对主体的义务和责任的设定落空，使义务主体是否履行义务无法律强制力。例如，《深圳经济特区全民阅读促进条例》（草案）提请深圳市人大常委会审议时，多位业界人士质疑该条例草案太像"倡议书"，硬性规定少。深圳市人大给出的初审报告认为，该草案强制性规定过少，倡导性规定过多，建议增加一章"法律责任"。

2. 模糊性用语较多

法律条文应当具备实在法的"精确"和"明晰"特征，否则，"语焉不详"的模糊性、概括性规定又将沦为一种"方针政策"性质的僵尸条款。[①]《行政法规制定程序条例》第六条第一款规定："行政法规应当备而不繁，逻辑严密，条文明确、具体，用语准确、简洁，具有可操作性。"《规章制定程序条例》第八条第一款规定："规章用语应当准确、简洁，条文内容应当明确、具体，具有可操作性。"模糊性语言虽然能增加法律操作的灵活性，但同时也增加了法律条款的不确定性。

从立法文本来看，模糊性用语过多，导致可操作性不强。无论是法律制度的内容设置还是程序性规定等，都大量使用模糊性用语，导致内容不明确、缺乏执行程序和具体标准等问题，最终影响法律规范的可执行性。

3. 监督制度不完善

全民阅读促进工作中，政府既是主要义务主体，也是国家权力的具体实施者。政府在全民阅读推广活动中，对阅读设施、资金等的管理，都需要行政权力的介入。现代法治社会需要通过完善的制度和有效的监督机制来约束政府权力的运行。法治不是用来阻止政府做其该做的事情，而是让政

① 参见付莹：《"文化权利"视域下深圳阅读立法的价值分析》，载《特区实践与理论》2015年第4期。

府做出合理解释。[1]让政府做出合理解释,就必须有相关的监督制度,保证公民的知情权、建议权、批评权等权利的实现。

从全民阅读立法文本的监督制度来看(见表5-7),《全民阅读促进条例(征求意见稿)》中监督制度基本落空,其中没有关于行政监督和阅读评估的相关制度。其中更是删除了2016年2月原国家新闻出版广电总局发布的《全民阅读促进条例(征求意见稿)》第三十二条[2]中的阅读需求征询制度和阅读服务评价制度。虽然部分地方立法文本规定了阅读评估等监督制度,但是基本都缺乏程序性规定。法律监督属于法律运行的重要环节,也是现代法治系统的重要组成要素。监督制度对全民阅读促进工作相关制度的运行和具体落实起着非常重要的作用,监督制度不完善,会极大地影响法律规范的可执行性。

4.责任制度虚化

责任制度是指法律明确规定的由于法律主体的违法行为或法律规定的特定法律事实的出现而应承担的否定性法律后果,主要包括责任主体、责任根据、责任后果三个基本要素,在立法表述上要做到科学、明确、准确、规范。[3]规范责任说认为,首先,法律责任是国家意志对违法行为给出的否定性评价。否定性评价的目的是消除和抑制权利滥用和不履行义务,从而保障个人权利、社会利益和国家利益的实现。其次,法律责任是强制责任主体承担不利后果。最后,法律责任是通过强制责任主体承担不利后果,恢复正常的社会关系和社会秩序,最终实现社会整体机制正常运转。法律责任的承担由特定的国家机关运用强制力量保障落实,不以任何责任主体的

① 参见[美]史蒂芬·霍尔姆斯、凯斯·R.桑斯坦:《权利的成本——为什么自由依赖于税》,毕竟悦,译,北京大学出版社2011年版,前言第1页。

② 第三十二条的内容为:各级人民政府应当建立全民阅读需求征询制度和公民参与的全民阅读服务评价制度,健全民意表达和监督机制,引导城市社区居民和村民参与全民阅读服务项目规划、建设、管理和监督。

③ 参见李培传:《论立法》,中国法制出版社2011年版,第225-243页。

意志为转移，法律责任具有国家强制力或必为性，所以，它是法律规范的重要标志，也是保障法律规范实施的重要手段。正是因为法律责任所带来的否定性法律后果，所以法律规范才具有教育、震慑和引导功能。

公民阅读权利的保障必然对应着政府及相关主体的基本义务，而责任制度的虚化必然影响政府及相关主体履行义务的积极性，最终影响法律规范的可执行性。

（五）教育行政力量参与度不高导致学校阅读教育的弱化

一方面，从立法组织机构来看，全民阅读的国家立法由原国家新闻出版广电总局组织立法工作，贴上的是“文化立法”的标签，教育界的参与度低。[①]另一方面，从负责机构来看，主要规定由各级新闻出版主管部门或文化主管部门具体负责制定，教育行政部门仅在自己职责范围内参与全民阅读促进工作。如《全民阅读促进条例（征求意见稿）》第四条规定：“国务院新闻出版广电主管部门负责全国的全民阅读促进工作。国务院其他有关部门在各自职责范围内负责相关的全民阅读促进工作。县级以上地方人民政府新闻出版广电主管部门负责本行政区域内的全民阅读促进工作。县级以上地方人民政府其他有关部门在各自职责范围内负责相关的全民阅读促进工作。”《湖北省全民阅读促进办法》第五条第一款、第二款规定：“县级以上人民政府新闻出版广电主管部门负责本行政区域的全民阅读工作。县级以上人民政府发展改革、财政、文化、教育、人力资源社会保障、住房城乡建设、公安、司法、民政等行政主管部门，按照各自职责做好全民阅读相关工作。”《深圳经济特区全民阅读促进条例》第七条规定：“市文化主管部门负责全市全民阅读促进工作，履行下列职责：（一）组织拟定全市全

① 参见付伟棠：《我国阅读立法的得失与展望——以〈深圳特区全民阅读促进条例〉的两个文本为例》，载《图书馆》2015年第6期。

民阅读发展纲要，报市人民政府批准后组织实施；(二)推动阅读组织的建立和发展；(三)组织和指导全民阅读活动；(四)对全市全民阅读促进工作进行总结、评估，每年发布全民阅读促进工作白皮书；(五)依照有关规定开展其他全民阅读促进工作。区文化主管部门在市文化主管部门指导下，负责全民阅读促进工作。市、区有关部门按照各自职责做好全民阅读促进工作。”根据权责一致的基本原则，行政机关只能在职责范围内行使相关行政权力和履行相关义务，不同的负责机构具有不同的行政职能。新闻出版主管部门或文化主管部门作为负责机构，优势在于能更好组织和调动新闻出版及公共图书馆等领域的相关资源，弱势在于缺乏对各级学校的行政管理权力。鉴于学校阅读教育对未成年人阅读习惯培养的重要作用，立法应强调建立和强化学校阅读教育制度。而学校阅读教育制度的落实必须依靠强有力的教育政策与行政力量的支撑，否则，可能出现学校阅读教育的弱化。

第六章
全民阅读立法问题的原因反思

法根源于物质的生活关系。立法具有客观性,权利决不能超出社会的经济结构以及由经济结构制约的社会的文化发展。本章从经济、教育、媒介、法理四个方面反思目前我国全民阅读立法存在问题的原因。目前全民阅读立法存在问题的原因主要有:社会物质生活条件决定权利保护水平、应试教育抑制阅读教育需求、媒介技术发展打破利益平衡机制、阅读权法理认识不清影响法律规范的设置。本章通过分析全民阅读立法存在问题的原因,希冀能为全民阅读立法提供解决问题的思路和方法。

一、社会物质生活条件决定权利保护水平

(一)法根源于经济基础

经济,从不同的角度有不同的定义。从生产力与生产关系的角度,可以认为经济就是整个社会的物质资料的生产和再生产。法律与经济有着密切的联系。法根源于物质的生活关系。这句话深刻地揭示了法律与经济的关系。通常认为,法是人类理性的产物,是人类主观意志的外在表现。而这种主观意志也不是主观臆断的产物,而是深深地植入人类生活之中的社会物质生活条件。立法者应该把自己看作一个自然科学家。他不是在制造法律,不是在发明法律,而仅仅是在表述法律,是把精神关系的内在规律表现在有意识的现行法律之中。如果一个立法者用自己的臆想代替事

物的本质，那我们就应该责备他极端任性。因此，立法具有客观性，它不仅源于孟德斯鸠所言的“事物的性质”——即立法现象所反映的客观规律，也源于人类自身可以感知的社会物质生活条件。[①]近年，各种新兴权利层出不穷，这是现代民主政治发展的必然趋势。但是，这些权利是否都应该上升到法定权利并加以保护？就所有权利主张者而言，都认为自己所主张的权利是最重要的，但是对政府而言，必须在财政资源有限的情况下进行权利权衡。

（二）权利保护依赖于政府的可支配资金

无论积极权利还是消极权利的实现，都需要国家机构的运转做后盾和保障，都需要政府履行积极义务，贫困的政府不能保护权利。[②]积极权利需要政府履行积极义务，例如公共文化服务就需要政府投入资金提供资源、设施、服务等方面的保障，而这些投入就依赖于政府的可支配资金。消极权利同样需要政府履行积极义务，才能保证权利的实现。有权利，便有救济，当个人遭受侵权时，只有政府公平而可预期地给予权利保护，个人才能在法律而不是在道德意义上享受权利。权利是昂贵的，因为救济是昂贵的。由于对个人权利的保护总是以权力关系的创造和维持为先决条件，所以对个人权利的保护从来不是免费的。[③]无论积极权利还是消极权利，权利的行使都是以政府建立的一套严密的保障体系为基础的，而这些立法、行政、司法等保障体系的运转都需要大量的人力、物力成本，任何权利的保护都是建立在一定的经济基础之上的。

① 参见邓世豹：《立法学：原理与技术》，中山大学出版社2016年版，第46页。

② 参见［美］史蒂芬·霍尔姆斯、凯斯·R.桑斯坦：《权利的成本——为什么自由依赖于税》，毕竟悦，译，北京大学出版社2011年版，第25–36页。

③ 参见［美］史蒂芬·霍尔姆斯、凯斯·R.桑斯坦：《权利的成本——为什么自由依赖于税》，毕竟悦，译，北京大学出版社2011年版，第25–36页。

（三）较低公共文化支出抑制国民文化消费水平

根据马斯洛的需求层次理论，人的需求从低到高可以分为生理需求、安全需求、社交需求（情感和归属）、尊重需求和自我实现需求。人只有在满足了较低层次的需求后，才会有较高层次的需求。阅读属于情感、归属和自我实现的较高层次需求。

近年来我国不断加大对公共文化事业的投入，公共文化服务水平不断提高，但总体上公共文化投入仍有限，投入总量不足，与世界上其他许多国家相比，还有一定差距。公共文化投入也未能与财政总收入同步增长。与教育、医疗卫生、社会保障与就业等公共事业的投入相比还有较大差距，地区之间的公共文化事业经费投入也相差甚远。

公共文化支出对居民文化消费存在挤入与挤出效应。一方面，公共文化支出通过乘数效应提升居民文化素质，促使文化消费增加，并通过培养文化口味和文化消费习惯增强居民文化消费意愿，从而对居民文化消费产生挤入效应；另一方面，公共文化支出也在一定程度上造成消费的跨期替代，并且公共文化产品的存在容易对文化商品的购买产生替代效应，从而对居民文化消费产生挤出效应。总的作用是挤入与挤出作用的加权之和。挤入与挤出作用的强度受居民可支配收入的影响。当收入水平较低时，挤出作用强于挤入作用；当收入较高时，挤入作用强于挤出作用。①

我国居民文化消费仍处于较低层次，文化消费潜力仍待开发。不同区域的居民由于经济能力和生活习惯等不同导致居民文化消费的不平衡性在区域间非常突出。2009年至2019年我国居民人均文化消费支出占消费支出的比重始终维持在4.0%~7.0%之间，2019年居民人均文化消费支出仅占消费支出的4.6%。这说明我国居民文化消费水平整体偏低，发展仍处于

① 参见赵林婷：《公共文化支出对居民文化消费的影响研究》，南京大学硕士学位论文，2015年。

初级阶段。[①]第十四次国民阅读调查报告显示：我国国民能够接受一本200页左右的文学类简装书的平均价格为14.42元；可接受一本期刊的平均价格为6.85元；在接触过数字化阅读方式的国民中，有40.0%的国民表示能够接受付费下载阅读，数字化阅读接触者能够接受一本电子书的平均价格为1.78元；手机阅读群体中25.2%的人能够接受付费阅读，而74.8%的人只看免费的手机读物。

权利绝不能超出社会的经济结构以及由经济结构制约的社会文化的发展。由于阅读与社会经济、文化发展水平及文化消费水平密切相关，在当前某些较低层次的需求还没有得到很好满足的条件之下，较高层次的阅读需求还没有被充分激发，这也是全民阅读立法必须面对的社会现实。

二、应试教育抑制阅读教育需求

（一）应试教育导致学生的功利性阅读

从教育学的角度看，应试教育是指违反教育学规律，以应对升学考试为目的的教育模式。在这种模式之下，被高考淘汰的大多数学生，是应试教育的牺牲品，因为他们在学校没有学到谋生的本领和生存的智慧，那些得益于应试教育的少数人，即使进入大学依然摆脱不了应试教育的影响。[②]如果学校推行的是一种单纯的知识灌输和能力训练而完全忽视精神（思想、感情、道德、品格）的教育，那么，应对各种考试就会成为教学的主要目的，长此以往，文化的血脉就断了，人文精神的核心和本质也就没有了。

在应试教育背景下，学生的一切学习都以考试为目标，唯分是从。应试教育环境造成了功利性阅读，长期的功利性阅读导致阅读兴趣的丧失。在

① 参见温菲：《我国公共文化支出对居民文化消费的影响研究》，北京交通大学硕士学位论文，2021年。

② 参见钱民辉：《教育处在危机中 变革势在必行——兼论“应试教育”的危害及潜在的负面影响》，载《清华大学教育研究》2000年第4期。

应试教育环境下，孩子们不得不面对现实，寻找对成绩提升有帮助的书籍，在心理学上，这就是奥地利著名心理学家西格蒙德·弗洛伊德提出的“现实原则”或“唯实原则”。[①]弗洛伊德认为，作为人格中理性部分的“自我”力图控制非理性的“本我”的原始冲动，使人正视外部的事实条件和社会现实状况，知道追求和避免什么，合理地延缓与减弱本能的满足，以减轻与社会现实的冲突，确保自己生存。由于高考指挥棒的作用，家长、教师、学校以考试成绩为主要评价标准评价学生，长期以来，对考试成绩没有直接作用的大量课外读物被排斥在外，就形成了以教材、教辅为主的功利性阅读的状况。

（二）应试教育排挤学校阅读教育

应试教育压抑学生的阅读兴趣，教师、学校甚至绝大多数家长对学生阅读兴趣的培养也漠不关心。大量研究表明，青少年时期是阅读习惯培养的关键时期。然而，在应试教育体制下，为了提高升学率，学校没有时间启发学生的阅读智慧，剩下的只有公式化的教学和标准答案。[②]

作家周国平认为，青少年时期原本是心智最活泼的时期，在这个时期，一个人倘若能够通过读书、思考、欣赏艺术和大自然等来充分领略心灵的快乐，形成一个丰富的内心世界，在自己的身上就拥有了一个永不枯竭的快乐源泉。这个源泉将滋润整个人生，使他即使在艰难困苦之中仍然拥有人类最高级的快乐，这是一个人可能在青少年时期获得的最大的成就。这个成就本应该是教育给予的，然而，在绝大多数有教育的地方，孩子却没有童年，没有快乐，由于他们生活在“应试教育”恶劣的生态环境中，机械化的训练使他们失去了求知的快乐，探索的渴望；阅读贫乏的生活窄化了他们

① 参见陈亮、连朝曦、张婷：《书香在线：数字阅读导航》，海天出版社2017年版，第178页。

② 参见钱民辉：《教育处在危机中　变革势在必行——兼论“应试教育”的危害及潜在的负面影响》，载《清华大学教育研究》2000年第4期。

的知识视野，凝滞了他们的好奇心与想象力，在他们的世界里只有课本、习题和分数，他们已然失去了感受快乐、创造快乐的能力。[①]

学者钱理群认为，恰恰学习语文没有其他捷径可走，只有多阅读、多写作。丢掉这两条，语文教育就不是或不配叫语文教育了。[②]正如专家所说，语文课程改革最大的成功是对学生阅读意识的培育，是一些地区、一些学校开展了学生阅读活动，促进了学生语文素养的提高。但是，课程改革最大的遗憾是部分地区、部分学校尚未把学生阅读放到重要位置，只顾抓考试分数，不把推进学生阅读当分内之责。

（三）应试教育抑制教育行政部门开展学校阅读教育的积极性

教育行政部门是指各级对教育事业进行组织领导和管理的政府机构或部门。其主要职能包括制定教育政策、教育行政法规、教育方针和制度，制定教育事业的长远规划和年度计划等。教育行政部门通过行政命令、行政指导等手段对各级各类学校的教育活动进行管理、指导、建议、惩戒以及奖励等，其制定的政策和制度成为学校开展教育教学活动的依据。在应试教育体制下，教育系统的一切评价体系都以考试成绩为中心设计。如前所述，应试教育是排挤除考试之外的一切教育的，如要想在应试教育体制之下，在学校教学活动中推行与考试关系不紧密的阅读教育，必然遇到来自各方面的阻力。因此，应试教育体制会抑制教育行政部门开展学校阅读教育的积极性。

① 参见帅晓梅：《种子的力量——书香校园建设的研究与实践》，湖南美术出版社2012年版，第4页。
② 参见钱理群：《中国教育的血肉人生》，漓江出版社2012年版，第74页。

三、媒介技术发展打破利益平衡机制

（一）技术与法律的互动发展

在技术与法律的互动关系中，一方面技术发展促进了法律的变革，另一方面法律制度为技术发展创造条件。

媒介技术发展促进法律变革。人类创作和阅读行为早已有之，但是版权法却直到印刷技术成熟才出现。从版权法的历史来看，版权法就是版权人利益与读者和公众利益随着媒介技术的发展不断博弈而版权人的利益不断扩张的历史，版权与技术相伴而行，版权又获得了印刷出版之子、现代传播技术的副产品等名称。在第二次、第三次工业革命中，各种传播技术的发展可谓日新月异：照相机、留声机、电影、磁带录音机、家用收音机、有线电视、家庭录像机、电子计算机、互联网等新技术不断冲击着版权法。面对技术的挑战，版权法努力调整自己，试图追赶技术的前进步伐。[①]在其他法律领域，如生物技术、新能源、新材料、云计算、大数据等技术无不催生新的法律和促进相关领域的法律制度的变革。

法律制度变革为技术发展创造条件。先进技术的发明必须要有充分的知识创新激励机制做保障。在国际竞争中，各国都为本国的技术创新发展制定了从政策到法律的保障。其中，知识产权法就是最直接的保护发明创造人利益从而激励其进行更多发明创造的法律制度。在技术发明创新的各个领域，只有法律对相关技术的运用进行合法性保障，该技术才能用于促进人类生产和生活，给人类带来福祉。有些技术由于违反伦理道德而未得到法律的保障，因此只能存在于实验室里。

---

① 参见易建雄：《技术发展与版权扩张》，法律出版社2009年版，第114页。

(二)法律对技术的调整具有滞后性

道德、纪律、政策、法律等都是社会利益的调节手段。每种调节手段各有利弊,但总体来说,由于法律以国家强制力为后盾,所以法律更具有稳定性和强制性。是否将非法律手段上升为法律制度,取决于立法者的价值认同以及主体之间的利益博弈。

技术决定制度,但是制度自身具有独立的内在运行规律,对技术发展的响应也是相对滞后的,二者并非始终是统一和相适应的关系,容易受到诸多因素的影响。研究表明,在行动者有限理性和制度转换的交易成本较高的情况下,制度的路径依赖是难以避免的。所以通常来说,技术代表着创新、先进和冲破束缚,而法律往往代表着保守、落后、恪守常规,只有社会关系尤其是利益关系的改变,才能促成法律制度的变迁。

数字信息技术打破了原有产业的利益平衡,相关法律制度也随之调整,但法律的滞后性仍然突出,尤其在与产业相关的著作权保护和出版行政管理等领域。从产业和利益角度来看,阅读产业主要包括以下三个环节:一是知识的生产环节,即创作;二是知识的传播环节;三是知识的获取或消费环节。数字技术深刻地改变着每一个环节的产业状况和利益关系,数字技术的发展使得知识生产、传播和消费都日趋产业化。以网络文学为例,互联网的迅速普及、作者与读者的互动、迅猛增长的稿费收入等因素,使得市场经济条件下的网络文学呈现出与传统文学不同的利益特征,具体表现在:作品数量井喷化,写手队伍壮大化,创作类型化,扶持力度加强化,创作、阅读产业化和传播途径多元化。①新的产业形态和商业模式推陈出新,各个行业的参与者的利益格局均受到信息技术发展的冲击,原有相关法律制度也出现滞后性和不适应性,因此,数字环境下侵权案件爆发式增长。

① 参见成秀萍:《井喷化·类型化·产业化·多元化——近年来网络文学创作实绩概述》,载《南通纺织职业技术学院学报》2013年第4期。

技术的发展催生了相关领域社会关系的变化,其实质是社会主体之间的利益平衡被打破。阅读习惯的改变直接影响人们对阅读相关消费的选择,从而对阅读相关产业的利益链产生深刻影响。制度本身是科学技术发展的产物,并随着科学技术的发展而不断变化。媒介技术的发展,不仅仅从根本上改变了人们的阅读习惯,还引起了新闻出版传播等领域各类主体之间的利益关系的深刻变革,从而需要在第二性的法律上予以体现,法律的及时修订就成为必然。由于法律本身具有价值选择性,并不是技术引发的所有社会问题都会被法律及时回应并将其纳入调整范围。因此,在全民阅读立法中,信息技术带给全民阅读的机遇与挑战,也需要立法者做出价值选择和判断,对有利于全民阅读事业发展的媒介技术及阅读形式,需要立法及时做出回应。

四、阅读权法理认识不清影响法律规范的设置

阅读权是全民阅读立法的法理基础和逻辑起点,在立法中,应对其内涵与外延做出清晰的界定。然而,目前我国现有的阅读立法文本皆未对阅读权的概念及内涵予以阐释。在全民阅读立法中,对阅读权的法理认识不清楚,将影响法律规范的设置,并影响其实施效力。

(一)文化权缺位

在建设中国特色社会主义文化和建设社会主义文化强国的背景下,我国文化体制改革取得了丰硕的成果,但关于文化权的立法较为滞后。虽然我国《宪法》第四十七条对公民的文化权进行了规定,然而,与其他权利相比,文化权利在法律内涵、可执行性及可诉性方面还不成熟。政府作为文化生活的积极建设者,被寄予极大期望和被赋予极为重要的职能。"市场+

政府”的文化发展模式基本是均衡的、合理的，但是缺失也是明显的，那就是公民文化权的缺位。[①]通过对一系列文化体制改革的重要政策和法律文本进行分析，发现部分政策和法律文本多次提到“基本文化权益”，但直接采用“文化权”的相关表述较少。如在《关于加快构建现代公共文化服务体系的意见》之第二十六条提出建立健全公共文化服务法律体系，依法保障公民的文化权利得到有效落实的目标。

基本文化权益与文化权存在本质不同。基本文化权益主要是指公益性的文化产品，是一种公共服务，而不是公民权利。其本质是依靠公共财政投入保障社会各阶层能够在平等原则下享受到最基本、最低限度的公共文化服务。这种公共文化服务具有兜底性质，所惠及的是最缺乏文化生活资源和享受权利能力不足的群体。显然，这无法囊括整个社会丰富的文化生活样态。[②]文化权指公民自由参与文化生活的权利。很明显，政府为了满足人们基本文化权益而提供的公共文化服务与文化权的内涵是有差异的。公民文化权体现的是公民的基本人权，核心是自由参与文化生活，强调的是公民在文化生活中的创造力和选择权，国家的义务是尊重、保护与保障。[③]公民文化需求具有多样性，政府提供的仅仅是满足公民基本文化需求的服务。只有充分发挥社会组织和公民的积极性和创造性，才能培育多层次、立体化的文化市场。

阅读权来源于社会文化权，而作为公共文化服务法律保障体系一部分的全民阅读立法，自然要受到文化权的立法现状的影响。

（二）权利效力机制弱化

法律规范的效力是通过权利性规范与义务性规范的效力来体现的。法

① 参见黄明涛：《公民文化权研究》，中国政法大学出版社2015年版，第2页。
② 参见黄明涛：《公民文化权研究》，中国政法大学出版社2015年版，第2-3页。
③ 参见黄明涛：《公民文化权研究》，中国政法大学出版社2015年版，第2-3页。

律义务是社会主体根据法律的规定必须承担的作为或不作为责任。法律义务具有法定性、国家强制性、从属性及必为性特征。如果义务主体不履行法律义务，将受到国家强有力的制裁。①义务的履行能促进权利的实现，因此，在法律规范的构成中，通常将权利性规定转化为义务性规定，义务性规范通常占很大比例。

法律权利的效力一方面通过对应的法律义务来体现，另一方面，法律权利本身也具有法律效力，法律权利自身可以通过请求权和救济权实现主体的利益追求。权利效力机制弱化，也会影响法律规范的实施效力。如请求权行使机制不畅，将抑制权利主体行使权利的主动性。此外，由于各级政府及相关主管部门既是全民阅读立法的组织者和相关规章等的制定者，又是阅读保障义务的实际履行者，他们在义务性规范的制定和法律责任的设置上难免避重就轻，很难做到自我约束、自我监督。在这种情形下，应充分发挥阅读权的请求权和救济权效力，形成对义务主体的全面监督。因此，义务性规定不完善、法律责任设置不清晰等问题表面上看是立法有疏漏或立法质量不高，但实际上是因为立法忽视了阅读权自身的效力，弱化了对义务主体的监督。②

因此，在全民阅读立法中，如不重视阅读权的权利效力机制自身的作用，将影响法律规范的实施效力。

（三）阅读权的性质决定立法定位

从阅读的本质属性来看，阅读是一种从语言和符号中获得意义的自我构建的实践活动。阅读的本质决定了促进全民阅读的关键在于培育公民的阅读习惯和提升公民的阅读素养。实践证明，阅读习惯的养成需要一个

① 参见卓泽渊：《法理学》，法律出版社2004年，第83-84页。
② 参见齐崇文：《论全民阅读促进立法的法律效力》，载《图书馆理论与实践》2019年第6期。

长期的培育和内化的过程,需要从小培养。成年人的阅读习惯很难改变,而学校则是培养未成年人阅读习惯的最佳场所。从全民阅读的教育属性来看,全民阅读是一种全民教育方式,属于终身教育和学习型社会建设的范畴。

《世界人权宣言》将基本人权划分为两类:公民权利和政治权利,经济、社会、文化权利。[①]根据我国《宪法》的规定,公民基本权利主要包括经济权利、人身权利、公共参与权利和社会文化权利。从《世界人权宣言》和我国《宪法》来看,与阅读权最密切相关的就是社会文化权利。我国部分研究也将阅读权溯源至文化权,但是并未明确属于文化权中的何种权利。诚然,文化权中的各种权能并非泾渭分明,但毋庸置疑,阅读能力和习惯的养成,与阅读教育密切相关。阅读的教育属性决定了全民阅读促进工作是一项需要长期潜移默化和缓慢推进的教育事业。阅读权的教育权属性也决定了教育行政机关和各级各类学校在阅读推广中的重要作用。在全民阅读立法中,若忽视阅读权的教育权属性,将可能导致立法出现过于追求资源推广、设施建设、活动开展等外部效应而弱化阅读教育、阅读素养提升等内部效应的立法取向。

① 参见贺鉴:《论国际人权宪章对基本人权的国际保护》,载《湘潭大学学报(哲学社会科学版)》2008年第1期。

第七章
全民阅读立法优化的建议

本章在现状审视和原因反思的基础上，从立法定位、立法模式、立法体系与体例、立法制度和立法机制五个方面提出全民阅读立法优化建议。

一、立法定位

（一）立法原则

原则是指统率和处理事务所依据的原理与准则。从动态意义上讲，法律原则是指导法律规则的创制以及在法律的具体适用中作为法律解释与法律推理依据的准则。全民阅读立法除应坚持我国《立法法》在总则中规定的法治、民主和现实等原则之外，还应坚持以下原则。

1.坚持以社会主义核心价值观为引领

2012年，党的十八大报告提出“倡导富强、民主、文明、和谐，倡导自由、平等、公正、法治，倡导爱国、敬业、诚信、友善，积极培育和践行社会主义核心价值观”。社会主义核心价值观是社会主义思想文化、意识形态、道德规范的综合体，是对社会主义国家精神、社会理念和公民道德的抽象概括。[①] 2018年中共中央印发的《社会主义核心价值观融入法治建设立法修法规划》提出，“把社会主义核心价值观融入立法体制，从源头上确保鲜明的价值导向”。全民阅读与践行社会主义核心价值观在根本目标上是一致的，

① 参见冯留建：《社会主义核心价值观培育的路径探析》，载《北京师范大学学报（社会科学版）》2013年第2期。

都是为了加强公民思想道德和精神文明建设,增强国家的整体文化实力和竞争力,提升国家文化软实力。或者说,全民阅读本身也是践行社会主义核心价值观的一项非常重要的实施途径。[①]作为全民阅读的法治保障,全民阅读立法应坚持社会主义核心价值观的引领,将社会主义核心价值观融入立法之中,确保社会主义核心价值观的价值导向。

从立法文本来看,除《深圳经济特区全民阅读促进条例》中没有出现"以社会主义核心价值观为引领"等类似用语外,其他立法文本都规定以社会主义核心价值观为引领,但具体表述略有差异。一是使用"培育和践行社会主义核心价值观"类似表述的主要有江苏、四川、广东、河南、贵州等地方立法文本。如《江苏省人民代表大会常务委员会关于促进全民阅读的决定》第一条规定:"促进全民阅读,应当培育和践行社会主义核心价值观,继承和发展中华优秀传统文化,传播有益于社会文明进步的科学文化知识;遵循政府引导、全民参与、公益普惠、平等便利的原则。"《贵州省全民阅读促进条例》第一条规定:"为了促进全民阅读,保障公民阅读权益,培育和践行社会主义核心价值观,提高社会文明程度,根据有关法律、法规的规定,结合本省实际,制定本条例。"二是使用"以社会主义核心价值观为引领"的表述的主要有《全民阅读促进条例(征求意见稿)》。其第二条规定:"全民阅读促进工作应当坚持以人民为中心,坚持以社会主义核心价值观为引领,提升公民阅读兴趣,培养公民阅读习惯,提高公民阅读能力,引导形成爱读书、读好书、善读书的社会氛围。"《吉林省全民阅读促进条例》第三条规定:"全民阅读应当坚持以社会主义核心价值观为引领,继承和发展中华优秀传统文化,传播有益于社会文明进步的科学文化知识,提升公民阅读兴趣,培养公民阅读习惯,提高公民阅读能力,引导形成爱读书、读好书、善

① 参见王喜明、王金娜、肖丹,等:《通过全民阅读活动践行社会主义核心价值观的操作路径研究》,载《情报探索》2016年第1期。

读书的社会氛围。”三是使用“弘扬社会主义核心价值观”的表述的主要有湖北、辽宁、黑龙江等地方立法文本。如《湖北省全民阅读促进办法》第一条规定：“为了弘扬社会主义核心价值观，保障公民的基本文化权益，提高公民的思想道德素质、法治意识和科学文化水平，促进全民阅读活动深入开展，推动学习型社会建设，根据有关法律法规，结合本省实际，制定本办法。”因此可以说，目前我国全民阅读立法已对“坚持社会主义核心价值观的价值导向”基本形成共识。但是，将社会主义核心价值观融入立法之中，绝不仅仅是将其纳入法律文本表述之中进行简单的倡导。纵观现行法律体系，社会主义核心价值观融入文化立法的广度和深度仍停留在“鼓励”和“弘扬”层面。立法机关在将社会主义核心价值观融入文化立法的过程中，需要理顺文化的社会公益价值与经济追求之间的关系、核心价值观整体性融入与个性融入的关系以及核心价值观融入与制度可操作性的关系。①

全民阅读立法作为文化立法的组成部分，应通过以下三个方面的途径将社会主义核心价值观融入制度化建设之中：第一，在立法的第一条确立社会主义核心价值观的目的性功能；第二，在立法的总则中将社会主义核心价值观确立为基本原则之一；第三，在立法中，立法机关以法律规则的方式吸收社会主义核心价值观，即将社会主义核心价值观的内容融入具体法律条文之中，并设定相应的法律责任。②

2. 坚持阅读权本位

我国立法工作的一项重要原则就是坚持以人为本，即尊重和保障人权，充分确认和保障公民的各项基本权利。公民阅读权是全民阅读立法的法理基础和逻辑起点。全民阅读立法是政府在教育和文化领域的公共治理活动，是运用立法权对教育和文化资源的再分配，其目的是保障公民阅读

① 参见张振国：《社会主义核心价值观融入文化立法的制度化建构》，载《南京社会科学》2020年第4期。

② 参见张振国：《社会主义核心价值观融入文化立法的制度化建构》，载《南京社会科学》2020年第4期。

权的平等实现。然而，众所周知，权力具有天然的扩张性，如果不对权力进行限制，它很容易侵入公民的私有领域而对公民权利造成侵犯。阅读权本位原则主要体现在两个方面：

一方面，在立法中将阅读权法定化并明确权利内容。如前所述，阅读权缺位容易造成权利效力机制的弱化，影响法律规范的实施效力。阅读权的法定化，能充分激发公民行使权利的主动性，利用阅读权的请求权和救济权的权能，对政府等义务主体进行监督，提高立法质量和法律规范的实施效力。

另一方面，对义务主体设立对应的义务，为权利行使创造条件。对公民阅读权而言，政府是主要义务主体，必须积极提供保障措施保障公民阅读权的实现。对政府等行政机关而言，权力和责任是统一的，履行义务，也是行使职权。所以，政府在履行义务和行使职权中，不需要政府权力介入的领域，如市场能够自我调节的领域，社会的善良风俗和文化传统可以引导的领域等，应尽量限制政府的介入；对于必须由行政机关予以管理的事项，要严格设定行政机关行使权力的界限，使政府既不失职，又不越权。[①]此外，应坚持“重构公域，不涉私域”[②]的原则。重构公域，不涉私域指仅对政府等义务主体设定义务，而不对公民的行为进行强制。公民阅读权本质上是一种自决权，这种权利无法依靠国家单向命令和民众被迫接受实现，而是通过政府引导、公众选择、自我行动实现。[③]

3. 以未成年人阅读教育为重点

大量研究结果表明，未成年时期是一个人阅读习惯形成的关键时期。苏霍姆林斯基认为，孩子越早开始阅读，阅读时思维过程越复杂，对智力发

① 参见刘松山：《也谈立法工作以人为本》，载《法制日报》2004年12月2日。

② 参见然玉：《立法促进阅读，应该做的与不应做的》，载《长江日报》2013年8月5日。

③ 参见王琳琳、赵锦华：《软法视角下的全民阅读立法研究》，载《中国出版》2017年第3期。

展越有益。[①]意大利教育家玛丽亚·蒙台梭利发现,孩子的阅读敏感期在4至5岁之间。此外,德国教育专家的一项研究认为,如果一个人在13至15岁之前还没有养成阅读的习惯和对书的感情,那么他今后的一生中很难再从阅读中找到乐趣,阅读的窗户将永远对他关闭。因此,阅读的特殊属性决定了全民阅读促进工作是一项需要长期潜移默化和缓慢推进的教育工作,一个人如果没有从小养成阅读兴趣和阅读习惯,成年后是很难再形成阅读兴趣和习惯的。

从国外阅读推广和阅读立法经验来看,未成年人都是阅读推广和阅读立法的重点关注对象。在美国,阅读权被视为受教育权的组成部分。美国立法者们秉持一个观点:儿童期是阅读能力培养的关键时期,青少年阅读能力的不平等将会造成他们在成年之后的不平等,包括接受高等教育的机会、就业的机会、自信心以及幸福感等各个方面。[②]从全民阅读立法文本来看,除辽宁省立法文本没有对未成年人阅读进行专门规定外[③],其他立法文本都对未成年人阅读进行了专门规定,仅仅是在具体保障措施和力度上有所不同。

鉴于未成年人阅读的重要性,学者张文彦、田菲建议在立法中设置未成年人阅读专章,以便能够充分展现阅读法规的关键点、重点,能以鲜明的导向引发社会各界的进一步关注和投入。[④]在具体保障措施和手段方面,应建立家庭、学校、社会、政府的协同配合机制,以学校阅读教育为重心,引导和培育未成年人的阅读兴趣和习惯。

---

① 参见怀特海智慧教育研究中心课题编委会:《阅读是最好的教育》,石油工业出版社2009年版,前言第1页。

② 参见张麒麟:《全民阅读立法研究》,南京大学硕士学位论文,2015年。

③ 辽宁省立法文本仅在"二、全面开展阅读推广各项活动"部分规定:各级政府、各相关部门应当以阅读日为起始,集中开展为期两个月的全民阅读活动,以阅读推广活动进机关、进社区、进校园……

④ 参见张文彦、田菲:《对全民阅读立法进展的思考》,载《出版发行研究》2017年第5期。

4.对特殊群体实施阅读补偿教育

特殊群体通常是指由于地域、社会阶层、经济、身体条件等原因而处于不利境况的社会群体。这一社会群体由于经济、教育等方面的原因,在阅读资源获取以及自身阅读能力方面存在不足。目前,由于地域等差异,阅读资源和阅读设施的供给等还存在不均衡、不充分的问题,从国民阅读调查报告来看,城乡居民阅读水平还有较大差距。

全民阅读作为公共文化服务体系和建设学习型社会的一部分,追求平等是其应有之义。约翰·罗尔斯认为,由于出身和天赋的不平等是不应得的,所以对这些不平等就多少应给予某种补偿。同样,补偿原则认为,为了平等地对待所有人,提供真正的同等机会,社会必须更多地注意那些天赋较低和社会地位较低的人们。[①]补偿教育的核心理念就是“不平等地对待不平等”。对特殊群体进行补偿教育,旨在追求教育的机会平等,实现教育公平。公民的阅读依赖于自身的阅读素养以及可获得的阅读资源、设施等外部条件,由于特殊群体在自身阅读素养以及外部阅读条件利用方面处于劣势地位,需要对其进行阅读补偿教育,帮助其提升阅读素养和提供阅读条件,以实现阅读权的实质平等。

(二)立法目的

立法活动就是通过制定法律规范来调节社会利益关系,立法目的是立法需要达到的对社会利益关系调整的效果。立法目的贯穿于整个立法过程中,既是立法的起点,也是立法的归宿。《立法技术规范(试行)(一)》“5.1”部分规定,法律一般需要明示立法目的,表述为:“为了……,制定本法”,用“为了”,不用“为”。立法目的的内容表述应当直接、具体、明确,一般按照由直接到间接、由具体到抽象、由微观到宏观的顺序排列。《立法技术规范

① 参见[美]约翰·罗尔斯:《正义论》,何怀宏、何包钢、廖申白,译,中国社会科学出版社1988年版,第101页。

(试行)(一)》"5.3"部分规定,立法目的与立法依据(需要规定立法依据时)一般在第一条一并表述,先表述立法目的,再表述立法依据。

立法目的是一部法律的灵魂,对立法活动具有指引、定向和评价的作用。我国全民阅读立法的目的可以概括为公民单一维度的立法目的与公民和社会双重维度的立法目的两种类型。相比之下,后者更能契合我国全民阅读立法的精神实质。[①]个人维度的立法目的主要有:丰富人民群众精神文化生活、保障公民阅读权利或阅读权益、提高公民思想道德素质和科学文化素质、提高公民民主法治意识等;社会维度的立法目的主要有:培育和践行社会主义核心价值观,推动学习型社会建设,提高社会文明程度,推进文化建设,传承中华优秀传统文化,全面建成小康社会等。从立法文本来看,《深圳经济特区全民阅读促进条例》采用公民单一维度立法目的的形式,如第一条规定:"为了促进全民阅读,保障市民阅读权利,提高市民文明素质,根据有关法律、行政法规的基本原则,结合深圳经济特区实际,制定本条例。"其他立法文本基本都采用公民和社会双重维度的立法目的的形式。如《全民阅读促进条例(征求意见稿)》第一规定:"为促进全民阅读,推动学习型社会建设,丰富人民群众精神文化生活,增强公民思想道德素质和科学文化素质,提高社会文明程度,制定本条例。"《广东省全民阅读促进条例》第一条规定:"为了保障公民的基本阅读权利,提高公民的思想道德素质和科学文化素质,培育和践行社会主义核心价值观,传承中华优秀传统文化,推动全民阅读和文化强省建设,根据《中华人民共和国公共文化服务保障法》等法律法规,结合本省实际,制定本条例。"《贵州省全民阅读促进条例》第一条规定:"为了促进全民阅读,保障公民阅读权益,培育和践行社会主义核心价值观,提高社会文明程度,根据有关法律、法规的规定,结合本省实际,制定本条例。"《湖北省全民阅读促进办法》第一条规定:"为了

① 参见朱茂磊:《我国全民阅读立法的局限及其优化》,载《科技与出版》2018年第11期。

弘扬社会主义核心价值观,保障公民的基本文化权益,提高公民的思想道德素质、法治意识和科学文化水平,促进全民阅读活动深入开展,推动学习型社会建设,根据有关法律法规,结合本省实际,制定本办法。”

全民阅读立法的目的是由全民阅读的社会价值属性决定的。全民阅读的社会价值属性主要体现在两方面:其一,全民阅读是一种全民教育方式,通过阅读这一终身学习的手段和途径,以提升全体国民的思想道德素质和科学文化素质。其二,全民阅读是一种文化传承方式。一部人类的文明史,其实就是一部阅读史。传承文化必须先了解文化,文化的核心和精神主要体现于历代传承的书籍之中,从这个意义上讲,全民阅读又是传承传统文化、增强文化认同的基本途径。

因此,在全民阅读立法中,立法目的应采用公民和社会双重维度立法目的的形式。在个人维度的立法目的表述上,应明确规定保障公民阅读权,其他如提高公民思想道德素质、科学文化素质、文明素质等也可以进行表述;在社会维度的立法目的表述上,应主要将培育和践行社会主义核心价值观、推动学习型社会建设、提高社会文明程度、传承中华优秀传统文化等进行表述。全民阅读的地方立法在社会维度的立法目的上,可以根据地方的经济文化特点体现地方特色。

(三)立法目标

立法目标指立法需要达到的预期效果。任何一种法律制度的构建都蕴含着立法者对该制度调整社会关系的预先设定的相应目标。立法目标设定是否科学合理,是法律能否顺利实施的关键。结合立法目的以及我国全民阅读立法的实际情况,立法目标可以分为三个层次。第一个层次是加强阅读公共文化服务体系建设,为人们提供阅读资源、设施等硬件条件的保障,特别是加大对特殊群体的保障力度,缩小和消除区域之间的不平等,整体提升国民阅读率；第二个层次是提升国民阅读素养，通过开展阅读教育、阅读活动等阅读推广服务，不断提升国民的阅读主动性、积极性，提升国民的阅读满意度；第三个层次是建立完善的全民阅读保障和协调机制，从制度上保障全民阅读事业的顺利发展，培育浓厚的书香氛围，促进学习型社会的建设，增强文化自信，促进社会主义文化繁荣发展等。

（四）立法类型

促进型立法与管理型立法是一对相对的概念。促进型立法作为一种新型立法，有效地适应了经济社会多元化发展和政府职能转变与管理创新的需要，是对传统管理型立法的重要补充。[①]

全民阅读是推动国民素质和社会文明程度显著提高的重大文化工程之一，具有重要战略地位，但是，目前我国的阅读公共文化服务体系不够健全，文化产业还比较薄弱，需要国家进行鼓励和扶持以解决“供给”问题。因此，现阶段的法律调控需要以鼓励、扶持、倡导、奖励等促进型手段为主，以促进公共文化服务体系文化产业的发展。

从全民阅读立法文本来看，其标题名称皆带有“促进”字样，体现了现阶段我国全民阅读立法选择以促进型立法为主的基本立法定位。由于促进型立法的可操作性不强，社会各界对全民阅读立法效果表示质疑。但是，我们也不能因此而否定促进型立法的价值。在立法中，我们应充分发挥促进型立法的优势，规避其可操作性不强的弱势。一方面，在法律规范的设置方面，在倡导性规范之外，应针对性地设置一定的管理性规范，辅之以必要的管理措施。管理措施的设置要做到必要、可行、有针对性，其重点应放在规范政府自身行为、提高管理和服务水平、完善和发展外部环境上。另一方面，增强全民阅读促进型立法的实效，主要包括提高立法的可操作

① 参见李龙亮：《促进型立法若干问题探析》，载《社会科学辑刊》2010年第4期。

性、完善社会参与机制、加强立法监督检查、加强立法评估等。[①]

二、立法模式

全民阅读促进工作是一项系统工程,如何将各种要素统一纳入全民阅读保障的法律框架体系之内至关重要,这涉及全民阅读保障的整体性制度架构。因此,如何根据我国全民阅读推广服务体系的现状和特点确定合适的立法模式,既关系到立法的技术选择,也关系到全民阅读立法的制度安排。通过比较分散式立法模式和统一式立法模式的优劣,本书认为我国现阶段宜采用分散和统一相结合的立法模式。

(一)分散式立法模式

全民阅读的分散式立法,指针对全民阅读推广服务的不同对象与领域,分别制定不同层级的法律规范,或者在其他立法文本中设置与全民阅读相关的法律条款,从而形成一个分散的全民阅读法律规范保障群。分散式立法具有个性化、深入和灵活等优点。一方面可以根据不同主体、对象制定不同层级的法律规范;另一方面,由于对象特定,立法内容可以尽量完整和翔实,以提高其可操作性。

分散式立法的劣势也显而易见:一方面,由于缺乏全民阅读的顶层法律制度架构,各分散立法之间容易形成法律适用上的冲突;另一方面,由于分散式立法是针对特定对象和领域的立法,容易形成法律的空白点。

(二)统一式立法模式

全民阅读的统一式立法,指制定全民阅读保障的基本法,把全民阅读推广作为一个有机整体,从法律制度上进行顶层架构。统一式立法模式可以

① 参见李龙亮:《促进型立法若干问题探析》,载《社会科学辑刊》2010年第4期。

避免分散式立法模式的部分缺陷，其主要优势有：首先，全民阅读的概念能完整地出现在法律的标题和内容中，表示一种国家的政策宣示，也可以很好地起到法律规范的指引作用；其次，统一式立法模式可以弥补法律空白点，确保全民阅读相关的所有领域都能被纳入法制化轨道；再次，统一式立法模式可以有效解决分散式立法模式中各法律规范的效力差异和冲突；最后，统一式立法从法律制度上进行顶层架构、资源整合，避免重复立法所带来的资源浪费和法律冲突。[①]

统一式立法也有缺陷，主要有：首先，立法深度不够，由于统一式立法不能像单领域立法那样做深入细致的规定，导致立法内容缺乏深度；其次，立法难度大，全民阅读促进工作涉及不同的领域，相关子系统存在较大差异，统一规范存在较大难度；最后，由于全民阅读促进法律关系既涉及传统行政管理，又涉及公共文化服务的培育与促进，统一式立法容易造成立法取向与立法目标不一致。

（三）我国全民阅读立法模式的选择

通过对分散式立法模式和统一式立法模式的比较，我们可以看出，两种立法模式并不是绝对排斥的，而是可以互为补充的。恰当地协调两种立法模式的关系，不仅可以节约立法资源，还可以兼顾立法的稳定性与灵活性的要求。[②]结合目前我国的立法现状和立法传统，考虑上述两种模式的优劣，本书认为现行全民阅读立法宜采用统一和分散相结合的立法模式，主要原因如下：

首先，《全民阅读促进条例（征求意见稿）》已基本成熟，已经具备全民阅读促进基本法的基本框架，其他地方立法也积累了丰富的立法经验。其

① 参见梅昀：《论中国的公共文化服务立法：现状、模式与路径》，载《云南大学学报（法学版）》2013年第5期。

② 参见梅昀：《论中国的公共文化服务立法：现状、模式与路径》，载《云南大学学报（法学版）》2013年第5期。

次,统一与分散相结合的立法模式适合我国立法的一贯传统。我国的立法工作一贯秉承“成熟一个,制定一个”的思路。《全民阅读促进条例(征求意见稿)》正式颁布生效后,从行政法规上升为法律也还需要一段时间,地方立法也需要不断完善。最后,在《全民阅读促进条例(征求意见稿)》正式颁布并实施一段时间后,通过不断总结经验与修订完善,再制定全民阅读促进法,最后形成法律、地方性法规、地方政府规章等协同配合的全民阅读促进法律规范群。

三、立法体系与体例

(一)立法体系

全民阅读法律体系是由促进全民阅读的单行立法与配套性法律规范构成的全民阅读法律保障体系。单行立法是以全民阅读命名的以促进全民阅读为主要内容的专门性立法,包括国家和地方立法。配套性法律规范指与全民阅读相关的其他法律法规或实施细则。全民阅读法律体系主要包括:

其一,全民阅读的国家单行立法。目前,《全民阅读促进条例(征求意见稿)》还未正式生效,在正式颁布和实施一段时间后,如条件成熟,再制定全民阅读促进法。

其二,全民阅读的地方单行立法。各省(自治区、直辖市)及其他有条件的市、区根据本地区经济文化特点,出台本地的全民阅读地方性法规、地方政府规章,形成全民阅读地方单行立法规范群。

其三,以全民阅读单行立法为基础,完善与全民阅读相关的配套性法律规范。主要包括:对《教育法》《义务教育法》等教育法律法规进行修订,明确并完善学校阅读教育制度,为打造书香校园提供法律保障;结合《公共文化服务保障法》和《公共图书馆法》，对《普通高等学校图书馆规程》《中小学图书馆（室）规程》等进行修订，使公共图书馆与学校图书馆在全民阅读促进工作中更好地发挥协同作用；对农家书屋、社区书屋、职工书屋等管理规定进行完善，加强基层阅读设施的建设和提高阅读服务效能；对《出版管理条例》等的出版管理规范进行完善，鼓励优质阅读资源的出版发行，并加强阅读资源的质量管理；加强网络监管立法，特别是加强未成年人网络安全立法，净化网络阅读环境；对《著作权法》《信息网络传播权保护条例》等中与数字阅读相关规定进行完善，适应数字时代公益性阅读的需求；各级人民政府根据相关立法及本地全民阅读开展实际情况制定实施细则等，最终形成以全民阅读促进法为引领，各部门法和地方单行立法协同配合，具体实施细则或配套措施为补充的全民阅读法律保障体系。

（二）立法体例

立法体例是立法文本的结构，科学的立法体例能使法律文本达到结构严谨和逻辑严密的效果。如前所述，由于罗列式立法体例忽视法律规范逻辑结构的完整性，继而影响法律规范设置及实施效力，因此，全民阅读的国家和地方单行立法，宜采用体系结构更完整的“总则—分则—附则”式立法体例。

在法律文本框架安排上，以阅读权的权利效力为中心，宜设置总则、公民阅读权、工作职责、阅读推广或服务、未成年人阅读、保障措施、监督与责任、附则共八章。将相关内容归纳为一章，一方面可以在法律文本中突出主题，另一方面可以避免内容设置重复，使法律文本简明、清晰。

在具体内容安排上，将立法目的、立法原则、立法目标、主管机构等在总则中进行表述；将公民阅读权、工作职责、阅读推广或服务、未成年人阅读、保障措施、监督与责任等在分则中进行专章规定；将适用条件、生效时间等在附则中进行规定，另外也可以把法律概念、术语的解释等放在附则部分。

四、立法制度

（一）基本制度构建

法律的作用可以分为法律的规范作用和法律的社会作用。法律的规范作用包括指引、评价、预测、强制和教育等；法律的社会作用包括分配社会利益、解决社会纠纷和实施社会管理等。[①]法律对人的行为的指引、评价、预测、强制和教育作用以及对社会的调控和管理作用都是通过具体的法律制度来实现的。全民阅读立法的目的就是通过法制化方式将促进全民阅读的措施上升为具有权威性、强制性和稳定性特征的法律制度，以实现对全民阅读促进工作的保障作用。

因此，全民阅读相关制度的构建必须以充分发挥法律的规范作用和社会作用为基础。一方面，相关制度应符合全民阅读的公益性、基本性、均等性、便利性等特征；另一方面，相关制度应符合全民阅读立法的基本定位。

1.制度构建的原则

（1）基础性。本书仅将促进全民阅读的基础性制度纳入研究范围，根据全民阅读促进工作的运行规律，基础性制度分为主体制度、运行制度、监督制度、救济制度四个方面。

（2）实体性和程序性。基本制度既包括实体性制度，也包括程序性制度。实体性制度包括内容资源、阅读设施、阅读推广服务、阅读教育等方面的具体规定主体权利、义务的相关制度；程序性制度是保障实体制度实现的程序和

① 参见付子堂：《法理学初阶》，法律出版社2005年版，第116页。

条件。

(3)现实性和时代性。基本制度的确立应该立足经济、文化和教育现状。任何权利的保护都不能超越现实的经济社会条件,与现实经济社会条件脱节的法律制度,其实施效力也会大打折扣。此外,全民阅读立法还应顺应数字时代阅读的趋势,运用互联网思维和数字信息技术推进全民阅读事业,加大数字阅读保障力度,体现全民阅读立法的时代性。

2.基本制度构建与优化

(1)主体制度

推进全民阅读促进工作需要政府等多方主体协同配合,最大限度地整合资源,提高服务效能,保障公民实现阅读权利。现行全民阅读立法对权利主体和义务主体都做了基本规定,但部分机构组织还需完善,部分主体的权利、义务还需细化。

第一,县级以上人民政府应当成立全民阅读领导机构——全民阅读指导委员会或领导小组。领导机构在促进全民阅读工作中起着组织、指导、协调等作用,负责统筹、协调和督促解决本行政区域内全民阅读促进工作中的重大问题。由于全民阅读促进工作涉及主体众多,各主体之间的权利、义务关系复杂,即使是政府主体也涉及上下级政府以及政府不同主管部门之间的复杂关系。因此,需要建立领导机构,使其在其行政区域内广泛调动社会资源,保障全民阅读工作机制顺利运转。此外,由于领导机构由多方主体组成,能最大限度实现决策专业化,并协调和保证多方主体的利益诉求,避免单一行政主体决策产生部门利益保护主义。一个最显著的立法和地方经验的互动,是各地全民阅读组织机构的建立。从调研中发现,凡是全民阅读组织机构建立得早,工作效率高的地区,全民阅读活动开展得就相对活跃,品牌影响力大,居民参与度高。[①]

全民阅读领导机构可以由新闻出版、教育、文化、财政、民政、住房和城乡建设等行政部门组成,根据各地区条件,还可以吸纳妇联、残联等社会组织参与。全民阅读领导机构主要履行以下职责:指导拟定全民阅读发展纲要,规划、协调全民阅读重大活动,发布全民阅读评价指标体系和全民阅读指数,协调解决全民阅读促进工作中的重大问题等。

第二,明确全民阅读负责机构、参与机构及职责。在全民阅读领导机构之下,应明确全民阅读的负责机构及参与机构。领导机构负责统筹、协调解决本行政区域内全民阅读促进工作中的重大问题,负责机构和参与机构则在各自职责范围内负责日常工作,具体落实全民阅读促进工作。《公共文化服务保障法》和《全民阅读促进条例(征求意见稿)》都对负责机构和参与机构做了相关规定。如《公共文化服务保障法》第七条规定:"国务院文化主管部门、新闻出版广电主管部门依照本法和国务院规定的职责负责全国的公共文化服务工作;国务院其他有关部门在各自职责范围内负责相关公共文化服务工作。县级以上地方人民政府文化、新闻出版广电主管部门根据其职责负责本行政区域内的公共文化服务工作;县级以上地方人民政府其他有关部门在各自职责范围内负责相关公共文化服务工作。"《全民阅读促进条例(征求意见稿)》第四条规定:"国务院新闻出版广电主管部门负责全国的全民阅读促进工作。国务院其他有关部门在各自职责范围内负责相关的全民阅读促进工作。县级以上地方人民政府新闻出版广电主管部门负责本行政区域内的全民阅读促进工作。县级以上地方人民政府其他有关部门在各自职责范围内负责相关的全民阅读促进工作。"全民阅读的地方立法也应参照这一组织架构模式明确负责机构及参与机构的职责。如《吉林省全民阅读促进条例》第七条第一款和第二款规定:"县级以上人

① 参见张文彦、田菲:《对全民阅读立法进展的思考》,载《出版发行研究》2017年第5期。

民政府新闻出版广电部门主管本行政区域内的全民阅读促进工作，制定全民阅读规划和实施方案，组织开展全民阅读活动。县级以上人民政府其他有关部门在各自职责范围内负责全民阅读促进相关工作。”《广东省全民阅读促进条例》第五条第一款和第二款规定：“县级以上新闻出版主管部门负责本行政区域内的全民阅读促进工作，制定本行政区域的全民阅读规划。县级以上人民政府有关部门应当按照各自职责做好相关全民阅读促进工作。”从立法文本来看，负责机构主要为新闻出版主管部门和文化主管部门。地方立法可以根据本地区全民阅读促进工作特点选择合适的行政主管部门作为负责机构，并对负责机构和其他参与机构的职责做出明确规定。

第三，明确各级人民政府的职责。根据公共文化服务理论，政府是公共文化服务的主要提供者，是公共文化服务的主要义务主体。全民阅读领导机构、负责机构及参与机构的职责也是政府职责的具体体现，但有些保障措施的落实，仅靠政府的某一部门来推动是存在困难的，必须从政府层面进行统一规划、协调。对各级政府在全民阅读工作中的职责定位，应从以下两个方面进行思考：

一方面，应明确政府在全民阅读促进工作中的作用是主导还是引导。从立法文本来看，湖北、广东、河南、贵州等地方立法文本和《全民阅读促进条例（征求意见稿）》采用了“政府主导、社会力量参与”等类似表述，而江苏、深圳、黑龙江等地方立法文本采用了“政府引导、社会力量参与”等类似表述。根据《现代汉语词典》（第7版）的解释：主导主要含有“决定并且引导事物向某方面发展和起主导作用的事物”的意思；引导主要含有“带领、指引、诱导”的意思。因此，从字面意思来看，虽然二者都有引导、带领的意思，但主导更强调主体地位和决定作用。从《关于加快构建现代公共文化服务体系的意见》和《公共文化服务保障法》的表述来看，都明确强调“坚持政府主导”的原则。因此，可以说从中央政策到法律层面都明确了政府在公共文化服务中的主导责任。由于公共文化服务具有公益性和基本性的特征，市场调节手段又具有自发性、盲目性和滞后性，在解决公共文化服务资源的配置问题时经常出现失灵的现象，因此公共文化服务资源的配置只能在政府主导下完成。当前，我国公共文化服务体系总体上还有待完善，且地区之间存在差异。建立以政府为主导，以公共财政为支撑，覆盖城乡、结构合理、功能健全、实用高效的现代公共文化服务体系，是推进中国特色社会主义事业“五位一体”总体布局的重要政策安排，也是全面建成小康社会的重要抓手，凸显了政府保障文化民生的庄严承诺和主体责任。①因此，在全民阅读立法中，也应明确政府的主导作用，让政府履行全民阅读服务主导责任成为法律的基本要求，为公民阅读权的实现提供坚实的法律保障。

另一方面，应明确县级以上人民政府的具体职责。政府作为全民阅读促进工作的主要义务主体，应履行设施、资源、服务、活动、资金、人才保障和评估等义务。县级以上人民政府主要职责包括：县级以上人民政府应当将促进全民阅读纳入国民经济和社会发展规划，确定工作目标、任务和措施，建立全民阅读促进工作协调机制，为全民阅读服务提供政策引导和统筹保障；县级以上人民政府应将全民阅读公共设施建设纳入城乡建设规划和土地利用总体规划；县级以上人民政府应将开展全民阅读促进工作所需经费纳入同级财政预算，并可发起设立公益性全民阅读基金；县级以上人民政府应将全民阅读作为社会主义精神文明建设和现代公共文化服务体系建设的内容，并按照公益性、基本性、均等性、便利性的要求，完善全民阅

① 参见《中国文化报》评论员：《切实履行好公共文化服务政府主导责任——一论贯彻落实公共文化服务保障法》，载《中国文化报》2016年12月27日。

读服务体系;县级以上人民政府可以通过政府购买、项目补贴、以奖代补等方式,鼓励和支持社会力量开展公益性阅读推广活动,提供公益性阅读推广服务;其他如打造本地区阅读品牌、建立阅读评估制度等措施,各地方立法可以根据经济文化水平和全民阅读活动开展实际情况将其纳入职责范围。

第四,明确公益性文化事业单位的职责。长期以来,以公共图书馆、文化馆、博物馆、美术馆、科技馆、各级各类公办学校为代表的公益性文化事业单位,构成我国公共文化服务的骨干力量。这些公益性文化事业单位提供了最基本的公共文化服务。因此,在全民阅读立法中,应明确公益性文化事业单位的职责,充分发挥它们在全民阅读促进工作中的基础性作用。例如,《公共图书馆法》第三条第一款规定:"公共图书馆是社会主义公共文化服务体系的重要组成部分,应当将推动、引导、服务全民阅读作为重要任务。"这以法律的形式体现了公共图书馆在全民阅读服务中的重要作用。在全民阅读立法中,应主要明确公共图书馆提供阅读场所、开展借阅服务、举办阅读活动和提供阅读指导服务等方面的基本职责。《公共文化服务保障法》第十条规定:"国家鼓励和支持公共文化服务与学校教育相结合,充分发挥公共文化服务的社会教育功能,提高青少年思想道德和科学文化素质。"由于未成年时期是一个人阅读习惯形成的关键时期,学校应把培养学生阅读能力作为素质教育的重要内容,加强阅读教学,并根据不同年龄段学生的身心特点,开展校园主题阅读活动,为学生提供科学的阅读指导。如《全民阅读促进条例(征求意见稿)》就对幼儿园、中小学和高等院校等学校设置了全民阅读服务的相关职责。《全民阅读促进条例(征求意见稿)》第十一条规定:"幼儿园应当积极开展与学龄前儿童身心发展状况相适应、有利于培养阅读兴趣和阅读习惯的活动。中小学校应当利用语文等课程组织学生阅读学习,开展校园阅读活动,提高学生阅读能力,并加强对教师的阅读指导培训，提高教师的阅读指导能力。高等院校和科研院所应当鼓励和指导学生开展多种形式的阅读活动，提高学生综合素质。”

第五，引导和鼓励社会力量参与全民阅读服务。现代公共文化服务强调改变传统的政府“独管”和“独办”的模式，引导和鼓励社会力量参与服务，促进治理主体的多元化。社会力量参与公共文化服务，有利于防范“政府失灵”，提升公共文化服务的效能。《关于加快构建现代公共文化服务体系的意见》和《公共文化服务保障法》都强调“社会力量参与”，这为社会力量参与公共文化服务提供了政策和法律依据。在政府主导的前提下，引导和鼓励社会力量参与全民阅读服务，一方面可以有效解决资金投入不足、公共阅读资源和设施总量不足和分布不均衡、阅读产品和活动供给单一等问题，助推社会各类阅读资源的优化整合和重新配置，促进阅读资源共享和服务水平的提高；另一方面可以积极促进全民阅读服务的社会化、专业化、多元化发展，提高全民阅读的覆盖面、适用性及影响力，真正调动和吸引全民参与阅读。①

当前，社会力量参与阅读推广服务是我国全民阅读服务体系的薄弱环节，也是全民阅读立法急需解决的重点问题。在全民阅读立法中，首先，应明确社会力量的具体类型，在规范中可对社会力量的基本类型进行列举；其次，应详细列举社会力量参与全民阅读的具体途径和形式，如投资、捐赠、政府购买服务等；再次，应建立社会力量参与全民阅读的激励机制，如财政补贴、税费减免等；最后，应建立社会力量参与全民阅读的监督机制和救济机制。②

(2)运行制度

运行制度是保证全民阅读推广机制顺利运转的实体制度，现行全民阅

① 参见苗美娟：《我国全民阅读地方性立法的内容解读及特点分析》，载《图书情报工作》2020年第23期。

② 参见孟磊、王枫：《文化权益保障视域下全民阅读地方立法研究》，载《图书馆工作与研究》2020年第11期。

读立法从阅读设施、阅读资源、阅读服务、阅读活动、队伍保障等方面对运行制度做了基本架构，但部分制度还需细化和完善，全民阅读立法应从以下几个方面完善相关运行制度。

第一，鼓励和支持优质阅读内容的创作与传播。全民阅读的目的是通过优秀作品丰富人民群众精神文化生活，提升人民群众的思想道德素质和科学文化素质，提高社会文明程度。因此，阅读的内容决定全民阅读的方向和成效，如没有大量优质阅读内容的创作和传播，将会导致全民阅读犹如无源之水，无本之木。首先，完善创作、出版的扶持与引导机制，支持和引导弘扬社会主义核心价值观、传播中华优秀传统文化、促进未成年人健康成长的优秀出版物创作出版；其次，通过税收减免、专项资金等方式加强对出版文化企业的扶持，鼓励开发促进全民阅读的重点出版项目，提供方便读者携带的读物和满足读者阅读收藏需要的经典文库；再次，支持出版、发行针对特定对象的盲文、有声、图画、大字本出版物和少数民族文字出版物等，满足特殊群体的阅读需求；最后，鼓励出版单位和互联网企业加强数字内容资源建设，并通过阅读平台向社会提供阅读服务。

第二，加强阅读设施的规划和建设。全民阅读设施的建设必须坚持公益性、基本性、均等性和便利性相统一的原则，加大公益性阅读设施和城乡基层全民阅读设施建设力度，保障全体国民平等享有基本阅读设施及服务。首先，县级以上地方人民政府应当将全民阅读公共设施建设纳入城乡建设规划，根据本行政区域内人口规模、分布和服务需要，合理布局覆盖城乡基层的各类阅读服务设施，完善全民阅读服务体系，推进全民阅读公共文化设施建设的规范化、标准化；其次，积极推进机场、地铁站、公园、商场、医院等公共场所配备全民阅读设施，住宅小区配套建设公共阅读设施，建设以城市书房为代表的新型公共阅读空间；[①]再次，鼓励和支持各级学校图

① 参见苗美娟：《我国全民阅读地方性立法的内容解读及特点分析》，载《图书情报工作》2020年第23期。

书馆以及其他社会阅读服务场所向公众免费开放，提供阅读服务，政府相关部门可以对其进行经费补贴；最后，鼓励和支持以实体书店为代表的经营性阅读设施的建设和运营，满足读者多样化阅读需求。

第三，全民阅读经费保障。全民阅读的公益性决定了资金来源应以政府财政资金为主，社会资本为辅。首先，县级以上地方人民政府应将开展全民阅读促进工作所需资金纳入本级财政预算，并由相关行政区域内全民阅读的总负责机构进行资金统筹使用，将有限资金向重点人群和重点地区倾斜。其次，鼓励和支持社会资本参与全民阅读服务，并允许其参与竞争并获得合理收益；成立全民阅读公益基金会，接受民间捐赠，创新公益基金管理办法，提高基金使用效率。再次，积极支持数字化资源和数字阅读平台建设，适应数字阅读需求。最后，加强资金运行监督，主要包括加强经费的年度审计和专项审计，既要审查是否违法违规使用经费，也要考察是否积极合法使用经费；相关部门和机构应定期向社会公开经费预算、使用规划、项目建设和接受捐赠情况；加强对违法违规使用经费的惩戒力度等。[①]

第四，完善全民阅读服务机制。首先，建立推荐优秀读物的长效机制，特别是新闻出版和教育行政部门应在各自职责范围内组织制定推荐书目，特别是针对未成年人的阅读推荐书目，发挥优秀读物对阅读的引导作用。其次，发挥媒体力量，加强对全民阅读政策、立法的宣传，激发民众的阅读热情，营造书香氛围。再次，通过举办丰富多彩的阅读活动，激发民众的阅读兴趣，满足民众阅读需求。活动主要包括：设立全民阅读日，举办读书节、读书月等活动，培育和巩固各类阅读品牌；鼓励和支持公共图书馆、各级各类学校、图书出版发行单位、阅读推广组织、国家机关、企事业单位和其他社会力量等积极开展阅读推广和服务活动。最后，建立阅读推广人制度，促进全民阅读服务的专业化。明确政府和全民阅读公共服务场所在阅

① 参见李晶晶、吴欢：《给全民阅读经费保障立法提个建议》，载《中国新闻出版广电报》2017年7月13日。

读推广人队伍建设中的具体义务，建立阅读推广人资质管理制度、公益性培训制度等。此外，鼓励教育机构、文化团体、新闻媒体、出版发行单位和其他社会组织发展阅读推广人队伍，鼓励和支持教师、公务员、科技工作者、文艺工作者、新闻出版工作者、图书馆工作人员和高等院校学生等作为志愿者加入阅读推广人队伍。

（3）监督制度

监督制度是保障法律正常运行的重要制度，全民阅读监督制度应从以下几个方面进行完善。

第一，建立阅读需求征询制度。一方面，建立阅读需求征询制度，畅通阅读需求征询渠道，如全民阅读设施的规划、建设以及制定全民阅读发展纲要、计划等应充分听取民众的意见，了解民众的实际需求；另一方面，建立民众意见反馈机制和投诉渠道，对相关投诉，政府及有关部门应在一定期限内及时处理并做出答复。

第二，建立信息公开制度。各级人民政府及有关部门、以公共图书馆为代表的公共阅读场所、阅读基金会等应定期公开全民阅读服务信息，主动接受社会监督，包括定期公开经费预算和使用情况、项目建设情况、开展阅读服务计划及时间、接受捐赠情况等。

第三，建立政府及相关部门的内部监管制度。首先，上一级人民政府应加强对下一级人民政府关于全民阅读促进工作的检查和监督；其次，县级以上人民政府应当建立健全全民阅读资金使用的监督和统计公告制度，审计机关应当依法加强对全民阅读服务资金的审计监督，通过年度审计和项目审计监督资金使用情况；再次，县级以上人民政府应加强绩效考评，将阅读基础设施建设、阅读推广效果等纳入考核评价体系，实现目标责任管理；最后，建立全民阅读促进工作的人大执法检查和政府行政督察制度，依法督促各级人民政府及相关职能部门履行法定职责。

第四，建立全民阅读调查评估制度。通过开展全民阅读调查评估活动，可以对国民的阅读水平和阅读公共服务水平的现状进行监测，对全民阅读促进工作进行科学评估，并运用调查评估结果和公众评价机制，指导和推动全民阅读工作，提升全民阅读服务的效能。调查评估制度主要包括国民阅读水平和阅读公共服务水平两大指标，其中，国民阅读水平指标可以分为阅读行为和阅读观念两类。阅读行为主要包括阅读量、阅读率、阅读消费等具体指标，阅读观念主要包括阅读重要性观念和阅读数量自我评价等具体指标。阅读公共服务水平指标主要包括阅读公共服务的普及度、阅读公共服务的利用度、阅读公共服务的满意度等指标。[①]应定期向社会公布阅读调查评估结果，评估主体应坚持多元化，引入第三方测评机制，广泛搜集群众反馈意见。

(4)救济制度

权利救济指在权利人的实体权利遭受侵害的时候，由有关机关或个人在法律允许的范围内采取一定的补救措施消除侵害，使得权利人获得一定的补偿或者赔偿，以保护权利人的合法权利。权利救济旨在通过某种积极方式的运用使受损权益得到恢复或者补救。[②]根据目前经济、社会、文化条件，可以考虑将行政救济和司法救济纳入全民阅读立法之中。

其一是行政救济。行政救济指行政机关作为救济主体为权利人提供的法律救济方式。行政救济往往包括行政复议、行政调解、行政裁决等内容，救济方式包括撤销、变更、责令补正、责令履行，或者赔偿、补偿、恢复原状、赔礼道歉等。[③]《公用文化服务保障法》《公共图书馆法》以及部分全民阅读立法文本对主管部门及工作人员违反相关义务设置了部分行政责任，但对

① 参见黄晓新:《这是书香社会:全民阅读评估指标体系之我见》，载《中华读书报》2019年10月9日。
② 参见于宏:《权利救济:含义与方法》，载《法制与社会》2007年第7期。
③ 参见袁红军:《图书馆读者服务中的读者权利研究》，载《高校图书馆工作》2019年第6期。

公民如何主动发起行政救济缺乏相关规定。因此，一方面，提供阅读服务的机构，特别是公共图书馆、学校等公益性单位，应建立投诉渠道，完善反馈机制，及时解决纠纷，维护读者权益；另一方面，文化、教育等主管部门也应设置相应的维权申诉机构，建立纠纷解决机制，畅通投诉和维权渠道。如《公共图书馆法》第四十二条规定："公共图书馆应当改善服务条件、提高服务水平，定期公告服务开展情况，听取读者意见，建立投诉渠道，完善反馈机制，接受社会监督。"《教育法》第四十三条规定，受教育者对学校给予的处分不服，有权向有关部门提出申诉，对学校、教师侵犯其人身权、财产权等合法权益的，有权提出申诉或者依法提起诉讼。

其二是司法救济。司法救济指人民法院在权利人权利受到侵害而依法提起诉讼后，依职权按一定的程序对权利人的权利进行补救。司法救济被称为权利保障的最后一道屏障，是构成现代权利救济体系的一个重要支柱。但司法救济也有其局限性，如阅读权益纠纷不属于法院受案范围以及诉讼成本较高等。由于国家对公民阅读权的保障是随着经济、社会、文化发展而不断完善的，因此，现阶段还不适宜制定针对侵犯阅读自由选择权、阅读平等权、阅读保障请求权等阅读权益的司法救济制度。但是，在全民阅读服务中，还存在大量的平等民事法律关系，如阅读推广机构、阅读服务机构在提供服务的过程中对公民隐私权的侵犯等，在这类平等民事法律关系中，相关权利受到侵害后，权利主体则可以向人民法院提起诉讼，救济受损权益。

（二）未成年人阅读教育制度

未成年时期是一个人阅读习惯形成的关键时期，从国外阅读推广和立法经验来看，培养未成人的阅读习惯和阅读能力都是该阶段的重点内容。

根据我国《民法典》第十七条的规定，不满18周岁的自然人为未成年人。根据我国《教育法》关于学校教育制度的规定，18周岁以下的未成年人与学校教育最相关的阶段是学前教育、初等教育和中等教育阶段。建立未成年人阅读教育制度，应借鉴国外和相关地区的阅读立法和推广的经验，加强学校阅读教育，建立适合我国国情的教育行政部门、学校、家庭、社会协同的阅读教育机制。

1.国外阅读教育的立法借鉴

第一，美国以教育法案推动学校阅读教育改革。美国政府长期将促进全民阅读作为一项国家战略。里根、克林顿、小布什等各届政府均颁布了与阅读有关的教育法案。[①]其中，以《卓越阅读法案》和《不让一个孩子掉队法案》等为典型代表。美国将改进学校阅读教育视为保障阅读的主要手段，在立法形式上，主要以教育法案的形式规定中小学等教育机构的义务，重点培养青少年的阅读能力，并授权政府对中小学教育提供资金支持。这些法案针对不同年级分别制定了有关阅读能力的多层次考核标准。2002年，美国政府制定了一项名为《不让一个孩子掉队法案》的教育改革法案，该法案旨在赋予学校和地方更多权利，保证其切实提高教师素质，提高学生的语言水平及阅读能力。《不让一个孩子掉队法案》是以标准化测试和结果问责制为核心的新教育法，随后几年内，美国小学生的阅读成绩获得了较大程度的提高。但是，该法案因增加学生及学校负担而备受争议，奥巴马政府在2009年、2010年又做出两次大范围修改，为大部分州赋予了豁免权，更加关注学生能力的提升及缩小成绩差距。[②]

第二，俄罗斯阅读立法强调加强学校阅读教育的地位。俄罗斯《国家支持与发展阅读纲要》认为，在俄罗斯的全面义务教育系统中对阅读基本能

① 参见赵宸：《发达国家全民阅读立法模式研究及对我国的启示》，载《南京社会科学》2015年第4期。
② 参见张麒麟：《国外校园阅读立法比较及其经验启示》，载《图书馆工作与研究》2016年第8期。

力的形成还是不够重视。实际上阅读没有被视作教育与发展的基本手段，教育过程中不同阶段学生阅读能力发展水平的评价体系是缺失的。总体上说，现有的义务教育系统不能保证学生阅读能力提升到必要水平，而继续教育也不能弥补这些缺憾。这些情况的后果是，相当一部分结束义务教育的俄罗斯公民没有做好有效掌握越来越复杂、数量越来越多的信息与知识的准备。[①]因此，《国家支持与发展阅读纲要》从加强学校阅读教育的地位、改革学校教学大纲、制定学生成果评价标准体系、提供阅读资源、加强人员培训和提升学校图书馆的服务水平等方面提出了应对方案。

第三，日本注重少年儿童阅读推广，并将阅读教育与文化传承相结合。日本历来重视少年儿童阅读推广，并将保障少年儿童阅读权的理念贯穿于立法之中。2001年日本颁布了《少年儿童读书活动推进法》，该法规定了推进儿童读书活动的主体、具体程序及儿童读书活动安排等内容，并将每年的4月23日定为“儿童读书日”；2006年日本对《教育基本法》进行了全面修订，将“爱好阅读”列为义务教育的目标；2007年修订的《学校教育法》将“培养爱好读书，正确理解并使用生活所必需的国语的基础能力”列为义务教育的目标。[②]《推进少年儿童读书活动基本规划》对学校、幼儿园等教育机构在少年儿童读书活动推进中的作用和义务做了专门性规定。日本注重将保障青少年阅读权的理念灌输于法律体系之中，日本的立法者考虑到青少年对国家传统文化的传承有重要作用，而阅读是文化传承中不可或缺的一环。明确提出校园阅读不仅关乎学习能力的提高，也是人性得以不断丰富的机会，这一点值得关注。[③]

第四，韩国重视校园阅读推广，相关立法中明确规定教育行政部门及学

① 参见中国新闻出版研究院、江苏省全民阅读办：《国外全民阅读法律政策译介》，译林出版社2015年版，第150-152页。

② 参见王薇：《日本儿童阅读状况和推广活动考察》，载《图书馆杂志》2013年第3期。

③ 参见张麒麟：《国外校园阅读立法比较及其经验启示》，载《图书馆工作与研究》2016年第8期。

校的职责，将基础教育与少年儿童阅读结合起来。如韩国《阅读文化振兴法》规定，为使全体国民在接受学校教育的过程中充分享受到阅读文化振兴计划所带来的福利，教育部部长必须努力提高国民的阅读及书写等与语言有关的能力，制定并实施相关政策。学校负责人必须鼓励各项阅读活动的展开，并提供建造及运营图书馆所需的各项资源。学校负责人要保证阅读活动和图书馆活动有机地联系在一起。[①]

第五，加拿大认为中小学校是全民阅读战略的关键组成部分。加拿大《全民阅读规划》提出，中小学校是所有孩子拥有同等机会进行阅读的场所，因此也是任何全国性阅读战略的关键组成部分。[②]

从以上国家的未成年人阅读教育立法的实践经验来看，立法者都重视校园阅读推广和培养未成年人的阅读能力，重视发挥教育行政部门和中小学校的作用，并力求在基础教育与未成年人阅读之间寻找到平衡点。此外，也非常重视发挥家庭、图书馆、社会阅读推广组织等机构的作用。

2.建立教育行政部门、学校、家庭、社会协同的阅读教育机制

协同教育强调各要素的协同创新，以提高教育的效果、效益和效率。未成年人阅读素养的养成是一项系统性工程，需要教育行政部门、学校、家庭、社会等多方主体形成协同机制。

（1）明确教育行政部门在学校阅读教育中的职责

从职能来看，各级教育行政部门主要负责各级各类教育的统筹规划和协调管理，指导各级各类学校的教育教学改革。由于未成年人阅读与学前教育、初等教育和中等教育密切相关，因此，必须在立法中明确教育行政部门在学校阅读教育中的具体职责，通过行政的力量推动学校阅读教育。

教育行政部门在学校阅读教育中的主要职责包括：制定针对学校阅读

① 参见中国新闻出版研究院、江苏省全民阅读办：《国外全民阅读法律政策译介》，译林出版社2015年版，第9页。
② 参见中国新闻出版研究院、江苏省全民阅读办：《国外全民阅读法律政策译介》，译林出版社2015年版，第282页。

教育的发展计划或纲要，指导、监督各级学校具体落实计划或纲要的要求与目标；指导学校把培养学生阅读能力作为素质教育的重要内容，将阅读纳入相关课程，加强阅读教学，并保障学生的阅读时间；指导学校开展阅读活动，营造书香校园环境；定期推荐面向未成年人群体的优秀出版物；组织发展专业阅读推广机构并在学校提供公益阅读服务；加强对教师的阅读指导能力培训；为未成年人的父母或者其他监护人提供阅读指导，鼓励和支持开展家庭阅读、亲子阅读等活动；开展学校阅读教学评估，定期向社会发布学生阅读水平情况报告；等等。

(2)建立中小学校的阅读教育制度

著名教育家朱永新常说，一个没有阅读的学校永远不可能有真正的教育。大多数人都是在学校度过心智成熟的关键时期的，因此，学校对于学生阅读习惯、阅读能力的培养是最为重要的。中小学校阅读教育制度的关键是要在基础教育与中小学生阅读之间寻找到平衡点，可以考虑从以下几个方面完善中小学校的阅读教育制度。

第一，在《义务教育法》等教育法律法规中明确规定把培养学生阅读能力作为素质教育的重要内容，并对培养目标进行细化。

第二，在全民阅读的国家和地方立法中明确规定中小学校是所有未成年人拥有同等机会进行阅读的重要场所，是未成年人阅读推广的主阵地。

第三，在立法中明确规定中小学校的具体职责，主要包括：开设或者调整相关课程，保证每周有适当课时用于阅读教学；配备阅读指导教师，加强教师阅读指导技能培训；设置阅读场所，提供适合学生特点的阅读资源；开展校园主题阅读活动，培养学生的阅读兴趣，提高阅读能力；减轻课业负担，保障学生课外阅读时间，引导学生加强课外阅读；成立各类读书社团，为学生提供科学的阅读指导；建立城市学校与农村学校的阅读帮扶机制，改善农村学校、民办学校的阅读条件，并建立针对留守儿童、留守少年的阅读帮扶机制；开展阅读水平测试，改变应试教育的测试标准，以培养学生的阅读兴趣和阅读素养为目标；等等。

（3）发挥家庭、社区、图书馆等社会组织的联动作用

第一，鼓励开展家庭阅读。家庭是少年儿童的第一阅读场所，父母是影响其阅读行为的第一人。大量研究表明，家庭阅读环境直接影响未成年人阅读兴趣的养成。因此，在立法中，应鼓励未成年人的父母或者其他监护人开展家庭阅读，包括开展亲子共读，做好阅读示范和指导；创造良好的阅读环境，提供丰富的启蒙读物；保障未成年人的阅读时间；父母与未成年子女一起参加社区、图书馆等组织举办的阅读活动；等等。

第二，加强社区阅读服务和指导。社区作为少年儿童早期阅读的社会场所，应提高服务意识，一方面通过社区书屋为少年儿童提供良好的阅读环境和丰富的阅读资源；另一方面应积极开展家庭阅读指导等活动，指导家庭制订合理的阅读教育计划，提高家庭阅读教育的科学性和持续性。①

其三，图书馆应加强未成年人阅读服务。蔡元培先生说过，教育并不专在学校，学校之外还有许多机关，第一是图书馆。公共图书馆具有开展社会教育、引领学习的使命。长期以来，图书馆在全民阅读推广中发挥了不可替代的作用。结合《公共图书馆法》的相关规定，图书馆应从以下方面加强未成年人阅读服务：树立正确的未成年人阅读服务理念，组建专业的未成年人阅读服务人才队伍；设置未成年人阅览区域，为未成年人开辟专门的阅读服务空间；推进“馆、校、社区、家”的线下多元融合模式，通过图书馆资源及服务向学校、社区及家庭的下沉，形成完整的闭环服务模式；根据未成年人的年龄和心理发育情况推广分级阅读，进行分级阅读指导；完善残

① 参见范舒扬、何国梅：《以色列阅读教育及其对我国全民阅读的启示》，载《中国出版》2017年第1期。

障未成年人阅读服务。[①]

（三）数字化阅读保障制度

数字时代，全民阅读立法必须顺应时代潮流，认清数字信息技术带给全民阅读的机遇和挑战，运用互联网思维和现代科技手段推进全民阅读事业的发展，从数字化阅读平台建设、数字化资源提供、数字化阅读素养教育等方面加强保障。

1.加强数字化阅读平台、设施建设，提升数字化阅读服务能力

首先，立法应明确县级以上人民政府建立数字化阅读平台和加强数字化阅读设施建设的职责。在立法中应明确规定县级以上人民政府建立数字化阅读服务平台，加强数字化阅读设施建设，利用互联网、广播电视网等现代化传播技术提供阅读服务。

其次，立法应明确公共图书馆加强数字化阅读平台建设的义务，鼓励公共图书馆与基层综合文化服务中心、农家书屋、社区书屋、职工书屋等阅读终端互联互通，实现数字化资源共建共享。

再次，立法应鼓励实施针对特殊群体的数字化阅读推广服务，如数字农家书屋、“书香中国e阅读”推广工程以及针对未成年人的数字化阅读推广服务等。

最后，立法应鼓励出版发行单位、实体书店、网络运营商、移动通信运营商等主体通过各类阅读服务平台，向公众提供特色化数字阅读资源和阅读服务指导。

2.加强优质数字化阅读资源建设，提升资源供给能力

数字技术对阅读生态带来了一定挑战，数字化阅读资源存在阅读信息

① 参见赵晓丹：《〈公共图书馆法〉视角下未成年人阅读服务保障研究——以辽阳市图书馆为例》，载《图书馆学刊》2021年第9期。

过载和信息污染等问题。究其根源,一方面是信息传播模式的改变,导致出版的去中介化以及传统出版单位地位的弱化,同时也使得国家监管难度加大;另一方面是当下我们过于倚重缺少关照阅读主体、阅读文化的经济学理论,读者只是经济学意义上的产业链末端的消费群体,而非真正被关心的中心,这是数字化阅读给读者带来诸多消极影响的根源。[①]针对数字化阅读资源的相关问题,应从以下方面进行引导和规范。

第一,坚持文化传承和价值引领的出版导向。数字出版目前经历了Web1.0和Web2.0时代,正进入Web3.0时代。业界对发展数字出版产业的认识经历了"技术中心""内容中心""读者中心"三个阶段。[②]然而,即便是"读者中心",其实质是力图通过满足读者个性化需求,以达到经济效益最大化目的,属于产业经济学范畴,最大的问题在于缺失对读者主体的关照。[③]当前,在技术和资本的双重作用之下,纯粹以读者为需求的出版倾向容易导致数字化阅读的娱乐化、浅显化。人类的出版史,其实既是人类的阅读史,也是人类文明传播的历史。因此,数字出版产业应坚持文化传承和价值引领的出版导向,坚持社会效益优先的原则,多出版能弘扬人文精神、传承优秀文化的经典作品。

第二,加强经典作品数字化。经典作品是古今中外哲人智者智慧的结晶,历经时代检验,具有典范性和超越性。[④]阅读经典作品,不仅可以获取知识,提高人文素养,还可以传承优秀传统文化。经典阅读推广意义重大,然而现实中,经典阅读推广情况不容乐观。在融合阅读的大趋势之下,经典阅读也应突破阅读载体的限制,利用数字新媒体泛在式阅读的优势,加强国民经典阅读推广。

---

① 参见周斌:《数字阅读的消极影响及其原因探究》,载《编辑之友》2014年第5期。

② 参见乔东亮:《数字出版时代"读者中心"论》,载《中国出版》2010年第22期。

③ 参见周斌:《数字阅读的消极影响及其原因探究》,载《编辑之友》2014年第5期。

④ 参见尹传芳:《经典阅读在文化强国建设中的作为》,载《人民论坛》2012年第8期。

经典作品的数字化可以从以下方面进行完善：其一是设立经典作品数字化的专项出版基金，用专项经费保障经典作品的数字化出版数量和质量；其二是统一资源格式，从国家层面规范标准，有利于从顶层设计上消除资源低效使用、重复建设和资源孤岛的现象；其三是经费补贴和税收减免，对在经典作品数字化的建设和传播方面做出突出贡献的相关企业，给予一定的经费补贴和税收减免，提高企业积极性。

此外，在立法中，应明确政府在数字化阅读资源建设方面的义务，从规划、建设、资金等方面加强保障，鼓励各地整合中华优秀文化资源，开发特色数字文化产品；公共图书馆也应当创新技术手段，提供优质数字化阅读资源和服务；鼓励和支持出版单位加快出版物的数字化转化，开发多媒体阅读产品，丰富数字化阅读资源。

3.加强数字化阅读素养教育制度建设

数字化时代，超媒体不仅改变了人们认识世界的方式，还成为人们接收信息、建构认知、进行人际交互的主要媒介，数字化阅读素养成为人们在数字时代的最基本生存能力。《教育信息化2.0行动计划》指出：“全面提升师生信息素养，推动从技术应用向能力素质拓展，使之具备良好的信息思维，适应信息社会发展的要求，应用信息技术解决教学、学习、生活中问题的能力成为必备的基本素质。”信息素养、媒介素养、阅读素养都关涉人的素养，信息素养与媒介素养可以说是阅读素养的延伸。可以将数字化阅读素养概括为一种在数字化阅读中能够快速高效地获取、辨别、分析、利用、开发信息等的素养。数字化阅读素养主要包括数字化阅读意识、数字化阅读能力和数字化阅读道德三个方面。[①]信息技术的发展打破了阅读素养、媒介素养、信息素养之间存在的壁垒，数字化阅读素养也成为人们终身学习和在数字化环境中生存的基本能力。

① 参见王健、张立荣：《新媒介时代大学生数字化阅读素养的内涵与培养》，载《现代远距离教育》2011年第6期。

数字化阅读素养教育制度应从以下两个方面进行完善：一方面，中小学校应把数字化阅读素养教育融入各学科教育之中，包括设立相关课程、建立教师培训机制、加强中小学生网络安全教育等，从数字化阅读意识、数字化阅读能力和数字化阅读道德三个方面提升中小学生数字化阅读素养，提高他们在数字化时代的数字化生存能力；另一方面，各级各类图书馆、公益性阅读推广组织等应开展相关的主题教育活动，培养民众的批判性阅读和鉴赏能力，提升数字化阅读素养。

五、立法机制

党的十九届四中全会提出："完善立法体制机制。坚持科学立法、民主立法、依法立法，完善党委领导、人大主导、政府依托、各方参与的立法工作格局，立改废释并举，不断提高立法质量和效率。"全民阅读立法应重点从以下几个方面完善立法机制，提高立法质量。

第一，坚持由人大主导、政府配合的立法格局。一般认为，立法者在"立法"的过程中应当超越权力和利益，超越个人和集团的偏见，以使所立的法律成为普遍的、具有高度公共性的行动规则。然而通常来说，部门立法带有明显的部门色彩，由人大主导的立法，能更好地体现公共利益。此外，全面阅读立法在本质上属于文化立法，由于文化立法既涉及公民基本文化权利的保障，又与国家文化主权相关，因此，我国全民阅读立法应建立由人大主导、政府配合的立法格局。[①]结合我国全民阅读立法的实际情况，在国家立法方面，第一步可以由国务院制定行政法规，等时机成熟，再由全国人大或人大常委会启动立法程序；在地方立法层面，应借鉴现有立法经验，继续坚持主要由地方人大及其常委会制定地方性法规的思路，地方政

① 参见朱茂磊：《我国全民阅读立法的局限及其优化》，载《科技与出版》2018年第11期。

府可根据实际情况制定地方政府规章或实施细则。[①]

第二,拓展和升级全民阅读立法的功能。现有全民阅读的单行立法基本采用促进型立法的模式,这种单一的法律属性导致其所能起的作用必然具有明显的局限性,在推动公共阅读服务体系建设方面仍存在较多不足。为此要通过更科学更先进的立法技术,拓展并夯实全民阅读立法的现实功能,推动其法律属性从提高国民文化素质的倡导性法律,逐步升级为具备文化振兴法、产业扶持法与社会服务法等多元功能的系统性立法。[②]通过全民阅读立法,实现促进国民阅读、提升国民素养与推动文化产业振兴等多重目的。

第三,信息公开,广泛吸纳社会意见。《立法法》第三十六条第二款规定:“法律案有关问题专业性较强,需要进行可行性评价的,应当召开论证会,听取有关专家、部门和全国人民代表大会代表等方面的意见。论证情况应当向常务委员会报告。”《立法法》第三十六条第三款规定:“法律案有关问题存在重大意见分歧或者涉及利益关系重大调整,需要进行听证的,应当召开听证会,听取有关基层和群体代表、部门、人民团体、专家、全国人民代表大会代表和社会有关方面的意见。听证情况应当向常务委员会报告。”在全民阅读立法的各个环节,都应畅通公众与立法机关沟通的渠道,使公众可以借助网络等多种途径直接向立法机关提出立法建议,并建立相关回应及监督机制。拓宽社会各界人士参与立法的途径,其目的是让立法与人民群众最深切的需求对接,让立法更加适应当前经济、社会和文化发展水平。公众充分参与立法是凝聚全民共识的良机,草案的起草不应该以各种理由限制公众的知情权和参与权,尤其是有关重大分歧及其协调解决

① 参见朱茂磊:《我国全民阅读立法的局限及其优化》,载《科技与出版》2018年第11期。

② 参见应超予:《全民阅读立法的战略意蕴与推进策略》,载《中国出版》2018年第16期。

方案、各界意见采纳或不采纳的情况及理由等更应该广而告之。[①]因此，在全民阅读立法中，一方面应广泛吸纳社会意见，征求意见的方式除召开听证会之外，还应包括座谈研讨、专家咨询、问卷调查、网络调查等方式；另一方面应及时将相关信息向社会公开，接受社会监督。

第四，健全普法宣传机制，提升全民阅读立法的社会影响力。法律的权威源自人民的内心拥护和真诚信仰。《中共中央关于全面推进依法治国若干重大问题的决定》在“五、增强全民法治观念，推进法治社会建设”部分指出“健全普法宣传教育机制，各级党委和政府要加强对普法工作的领导，宣传、文化、教育部门和人民团体要在普法教育中发挥职能作用”。要使法律得到有效执行，必须建立普法宣传机制，对颁布的法律及时做出权威解读，加强舆论引导，使各方面准确理解立法的背景、目的和法律的原则、内容，为法律有效实施营造良好社会环境。

第五，立法后评估，提高立法质量。立法评估是指在法律制定出来实施一段时间后，由评估主体借助一定评估指标，运用一定的方法对其实施的社会实际效果进行评价，为之后进行法律的修改、补充、废止提供参考依据。[②]《立法法》第六十三条规定：“全国人民代表大会有关的专门委员会、常务委员会工作机构可以组织对有关法律或者法律中有关规定进行立法后评估。评估情况应当向常务委员会报告。”2014年以来，部分全民阅读的地方性法规和地方政府规章已经实施了一段时间，在实施过程中，是否存在与本地经济、社会发展不相适应的问题，是否能最大限度整合各方力量营造书香氛围和保障公民阅读权利等，都需要对其进行跟踪调查和分析评价，并提出继续执行、修改或废止相关立法的处理意见。对全民阅读立法进行立法后评估，必须重视公众参与。由于阅读权的权利内容具有特殊

---

① 参见付伟棠：《我国阅读立法的得失与展望：以〈深圳特区全民阅读促进条例〉的两个文本为例》，载《图书馆》2015年第6期。

② 参见邓世豹：《立法学：原理与技术》，中山大学出版社2016年版，第322—323页。

性，相关机关进行立法后评估时，除对全民阅读促进工作的效率、效益等进行评估外，还应对公众满意度、全民阅读促进工作的公平度进行量化评价，以保障公民阅读自由权、阅读平等权的充分行使。[①]

① 参见齐崇文：《论公民阅读权的法律效力》，载《中国文化产业评论》2020年第2期。

参考文献

1.[美]罗伯特·达恩顿.阅读的未来[M].熊详，译.北京：中信出版社，2011.

2.[美]尼古拉斯·卡尔.浅薄——互联网如何毒化了我们的大脑[M].刘纯毅，译.北京：中信出版社，2010.

3.[加拿大]阿尔维托·曼古埃尔.阅读史[M].吴昌杰，译.北京：商务印书馆，2002.

4.[美]斯蒂芬·克拉生.阅读的力量[M].李玉梅，译.乌鲁木齐：新疆青少年出版社，2012.

5.[美]贾森·默克斯基.焚毁书籍：电子书革命和阅读的未来[M].韩玉，张远，林菲璜，译.北京：电子工业出版社，2016.

6.[英]约翰·B.汤普森.数字时代的图书[M].张志强，郝彬彬，姜成松等，译.南京：译林出版社，2014.

7.[新西兰]史蒂文·罗杰·费希尔.阅读的历史[M].李瑞林，贺莺，杨晓华，译.北京：商务印书馆，2009.

8.[美]内奥米·S.巴伦.读屏时代：数字世界里我们阅读的意义[M].庞洋，周凯，译.北京：电子工业出版社，2016.

9.[美]保罗·莱文森.人类历程回放：媒介进化论[M].邬建中，译.重庆：西南师范大学出版社，2017.

10.[美]保罗·莱文森.莱文森精粹[M].何道宽，译.北京：中国人民大学出版社，2007.

11.[美]贝克·哈吉斯.阅读致富[M].赖伟雄，译.北京：当代中国出版社，2008.

12.[日]斋藤孝.深阅读：信息爆炸时代我们如何读书[M].程亮，译.南昌：江西人民出版社，2016.

13.[加拿大]马歇尔·麦克卢汉.理解媒介：论人的延伸[M].何道宽，译.南京：译林出版社，2019.

14.[美]罗杰·菲德勒.媒介形态变化：认识新媒介[M].明安香，译.北京：华夏出版社，2000.

15.[美]约翰·帕夫利克.新媒体技术——文化和商业前景[M].周勇，张平锋，景刚，译.北京：清华大学出版社，2005.

16.[美]霍华德·莱茵戈德.网络素养:数字公民、集体智慧和联网的力量[M].张子凌,老卡,译.北京:电子工业出版社,2013.

17.[美]唐·伊德.技术哲学导论[M].骆月明,欧阳光明,译.上海:上海大学出版社,2017.

18.[美]卡尔·米切姆.技术哲学概论[M].殷登祥,曹南燕,译.天津:天津科学技术出版社,1999.

19.[美]安德鲁·芬伯格.技术批判理论[M].韩连庆,曾观法,译.北京:北京大学出版社,2005.

20.[美]巴里·康芒纳.封闭的循环——自然、人和技术[M].侯文蕙,译.长春:吉林人民出版社,1997 .

21.[美]尼古拉·尼葛洛庞帝.数字化生存[M].胡泳,范海燕,译.北京:电子工业出版社,2017.

22.[美]阿兰·柯林斯,理查德·哈尔弗森.技术时代重新思考教育——数字革命与美国的学校教育[M].陈家刚,程佳铭,译.上海:华东师范大学出版社,2013.

23.[美]罗伯特·赫钦斯.学习型社会[M].林曾,李德雄,蒋亚丽,译.北京:社会科学文献出版社,2017.

24.[美]博登海默.法理学:法律哲学与法律方法[M].邓正来,译,北京:中国政法大学出版社,1999.

25. 张文显.法理学[M].北京:法律出版社,2007.

26. 付子堂.法理学初阶[M].北京:法律出版社,2005.

27. 付子堂.法理学进阶[M].北京:法律出版社,2005.

28. 卓泽渊.法的价值论[M].北京:法律出版社,2018

29. 谢鹏程.基本法律价值[M].济南:山东人民出版社,2000.

30. 卓泽渊.法理学[M].北京:法律出版社,2004.

31. 陈光.立法学原理[M].武汉:武汉大学出版社,2018.

32. 邓世豹.立法学:原理与技术[M].广州:中山大学出版社,2016.

33. 杨临宏.立法法:原理与制度[M].昆明:云南大学出版社,2011.

34. 魏海军.立法概述[M].沈阳:东北大学出版社,2013.

35. 周旺生.立法学[M].北京:法律出版社,2004.

36. 王腊生.地方立法技术的理论与实践[M].北京:中国民主法制出版社,2007.

37. 孙潮.立法技术学[M].杭州:浙江人民出版社,1993.

38. 王振华.法律语言研究[M].上海:上海交通大学出版社,2020.

39. 中国立法学研究会．地方立法的理论与实践[M]. 北京：法律出版社，2013.

40. 阮荣祥．地方立法的理论与实践[M]. 北京：社会科学文献出版社，2011.

41. 郑成思．版权法[M]. 北京：中国人民大学出版社，1997.

42. 吴汉东．著作权合理使用制度研究[M]. 北京：中国人民大学出版社，2013.

43. 陶鑫良，袁真富．知识产权法总论[M]. 北京：知识产权出版社，2005.

44. 易建雄．技术发展与版权扩张[M]. 北京：法律出版社，2009.

45. 李华伟．数字时代图书馆版权问题分解[M]. 哈尔滨：哈尔滨工业大学出版社，2016.

46. 李新祥．数字时代国民阅读行为嬗变研究[M]. 北京：中国社会科学出版社，2014.

47. 钱军，蔡思明，张思瑶．书香满园：校园阅读推广[M]. 深圳：海天出版社，2017.

48. 陈亮，连朝曦，张婷．书香在线：数字阅读导航[M]. 深圳：海天出版社，2017.

49. 周燕妮，聂凌睿，马德静．书香社会：全民阅读导论[M]. 深圳：海天出版社，2017.

50. 万宇，周晓舟，李海燕．书香传家：家庭阅读指南．[M]. 深圳：海天出版社，2017.

51. 赵俊玲，郭腊梅，杨绍志．阅读推广：理念·方法·案例[M]. 北京：国家图书馆出版社，2013.

52. 王宇，张艳伟．全民阅读从创新发展中走来[M]. 北京：中国社会科学出版社，2016.

53. 李东来．数字阅读：你不可不知的资讯与技巧[M]. 北京：北京图书馆出版社，2010.

54. 李东来．图书馆数字阅读推广[M]. 北京：朝华出版社，2015.

55. 帅晓梅．种子的力量——书香校园建设的研究与实践[M]. 长沙：湖南美术出版社.2012.

56. 苏霞，康希福．如何打造书香校园——小学儿童阅读活动指导手册[M]. 乌鲁木齐：新疆青少年出版社，2014.

57.《图书情报工作》杂志社．国民阅读推广与图书馆[M]. 北京：海洋出版社，2011.

58. 孙芳．阅读学习论[M]. 北京：语文出版社，2013.

59. 怀特海智慧教育研究中心课题编委会．阅读是最好的教育[M]. 北京：石油工业出版社，2009.

60. 茆意宏．移动互联网用户阅读行为研究[M]. 北京：中国社会科学出版社，2016.

61. 戴联斌．从书籍史到阅读史：阅读史研究理论与方法[M]. 北京：新星出版社，2017.

62. 曹祥芹，韩雪屏．阅读学原理[M]. 郑州：大象出版社，1992.

63. 王继坤．现代阅读学教程[M]. 青岛：青岛海洋大学出版社，1999.

64. 高希均．阅读救自己——50年学习的脚印[M]. 北京：人民出版社，2011.

65. 朱永新．我的阅读观[M]. 北京：中国人民大学出版社，2012.

66. 聂震宁．改变，从阅读开始：阅读与时代变革[M]. 深圳：海天出版社，2019.

67. 聂震宁．阅读力[M]. 北京：生活•读书•新知三联书店，2017.

68. 王磊，李岩．中国全民阅读工程发展简史[M]. 北京：海洋出版社，2017.

69. 徐雁．全民阅读推广手册[M]. 深圳：海天出版社，2011.

70. 徐雁,李海燕．全民阅读知识导航[M]. 南京：南京大学出版社，2016.

71. 徐同亮，罗娟．全民阅读视野下公共阅读服务体系建设研究[M]. 南京：江苏人民出版社，2018.

72. 黄明涛．公民文化权研究[M]. 北京：中国政法大学出版社，2015.

73. 刘京晶．互联网时代：公共文化服务的治理变革[M]. 北京：知识产权出版社，2016.

74. 张震．公共文化服务供给[M]. 北京：科学出版社，2018.

75. 杨永恒，龚璞，潘雅婷．公共文化服务效能评估：理论与方法[M]. 北京：科学出版社，2018.

76. 刘敏．公共文化服务——从均等化到品质共享[M]. 北京：中国经济出版社，2019.

77. 中国新闻出版研究院，江苏省全民阅读办．国外全民阅读法律政策译介[M]. 南京：译林出版社，2015.

78. 徐升国,张文彦，张润莉．阅读立法与全民阅读法制化[J]. 科技与出版，2017(12).

79. 张文彦，田菲．对全民阅读立法进展的思考[J]. 出版发行研究，2017(5).

80. 徐同亮．江苏全民阅读立法经验与启示[J]. 科技与出版，2017(12).

81. 齐崇文．论全民阅读促进立法的法律效力[J]. 图书馆理论与实践，2019(6).

82. 刘霜．论中国全民阅读立法:现状、原理与方案[J]. 邵阳学院学报（社会科学版），2018(2).

83. 张大伟，周月如．全民阅读立法的价值理性与工具理性[J]. 编辑学刊，2019(3).

84. 王琳琳，赵锦华．软法视角下的全民阅读立法研究[J]. 中国出版，2017(3).

85. 孟磊，王枫．文化权益保障视域下全民阅读立法的问题与对策研究[J]. 图书馆理论与实践，2021(1).

86. 孟磊，王枫．文化权益保障视域下全民阅读地方立法研究[J]. 图书馆工作与研究，2020(11).

87. 黄明涛．我国全民阅读地方立法的可操作性研究——基于7部地方性法规和规章文本的分析[J]. 科技与出版，2017(12).

88. 苗美娟．我国全民阅读地方性立法的内容解读及特点分析[J]. 图书情报工作，2020(23).

89. 朱茂磊．我国全民阅读立法的局限及其优化[J]. 科技与出版，2018(11).

90. 付伟棠．我国阅读立法的得失与展望——以《深圳特区全民阅读促进条例》的两个文本为例[J]. 图书馆,2015(6).

91. 刘雪花,陈思文. 阅读立法视野下社会力量参与全民阅读推广研究[J]. 图书馆工作与研究,2018(6).

92. 张涵钰,完颜双双. 中外全民阅读建设比较研究[J]. 中国出版,2016(6).

93. 张麒麟. 全民阅读立法语境下的版权保护对策[J]. 科技与出版,2017(12).

94. 赵宸. 发达国家全民阅读立法模式研究及对我国的启示[J]. 南京社会科学,2015(4).

95. 高凛. 日韩全民阅读立法的经验及对我国的启示[J]. 科技与出版,2017(12).

96. 黄俊贵. 关于读者阅读权益问题的思考[J]. 图书馆,2003(2).

97. 高俊宽. 图书馆与公民阅读权[J]. 图书馆,2012(1).

98. 吕梅. 构建图书馆公共服务体系,保障公民阅读权利[J]. 全国新书目,2007(10).

99. 谭小军,周安平. 阅读权结构的法理思考[J]. 现代出版,2018(2).

100. 谭小军,周安平. 新时代我国全民阅读立法的困境与对策——基于全民阅读立法文本的分析[J]. 现代出版,2019(1).

101. 娄策群,徐黎思. 信息服务生态链功效的影响因素及提升策略[J]. 图书情报工作,2011(4).

102. 杨沉,张家武,黄仲山. 全民阅读视角下新媒体阅读生态重构研究[J]. 图书情报工作,2017(12).

103. 左亚莉,杨秀. 美国青少年阅读立法研究及启示 以《卓越阅读法案》为例[J]. 出版参考,2021(10).

104. 林林. 域外阅读立法的比较与法文化启示[J]. 出版发行研究,2016(6).

105. 张春春. 基于图书馆信息生态系统的阅读困难群体服务路径研究[J]. 图书馆,2014(5).

106. 应超予. 全民阅读立法的战略意蕴与推进策略[J]. 中国出版,2018(16).

107. 黄晓新."全民阅读"社会保障的法律(规)依据[J]. 出版发行研究,2016(6).

108. 朱永新. 呼吁设立"国家阅读节"、"国家全民阅读指导委员会"[J]. 图书馆杂志,2016(3).

109. 聂震宁. 国民阅读的状况与全民阅读的意义[J]. 现代出版,2015(1).

110. 齐崇文. 论公民阅读权的法律效力[J]. 中国文化产业评论,2020(2).

111. 徐升国,张文彦,张润莉. 阅读立法与全民阅读法制化[J]. 科技与出版,2017(12).

112. 沈蔚. 数字阅读研究:从文化消费到意义生产[D]. 武汉:武汉大学,2013.

113. 卢锋. 阅读的价值、危机与出路——新教育实验"营造书香校园"的哲学思考[D]. 苏州:苏州大学,2013.

114. 张麒麟．全民阅读立法研究[D]. 南京：南京大学，2015.

115. 谭小军．数字时代全民阅读立法研究[D]. 重庆：西南大学，2018.

116. 都倩倩．中外阅读立法比较研究[D]. 哈尔滨：黑龙江大学，2020.

117. 蒋峰．新媒体时代政府推进“全民阅读事业”的对策研究[D]. 杨凌：西北农林科技大学，2015.

118. 周界．我国全民阅读中的政府责任研究[D]. 长沙：湖南师范大学，2016.

119. 李宇欣．我国全民阅读立法现状的调查与分析[D]. 合肥：安徽大学，2017.